APOMETRIA
e Desdobramento Múltiplo

Novos Rumos para a Desobsessão

Geazi Amais

APOMETRIA
e Desdobramento Múltiplo

Novos Rumos para a Desobsessão

© 2023, Madras Editora Ltda.

Editor:
Wagner Veneziani Costa (*in memoriam*)

Produção e Capa:
Equipe Técnica Madras

Revisão:
Arlete Genari
Flávia Ramalhete

Dados Internacionais de Catalogação na Publicação (CIP)
(Câmara Brasileira do Livro, SP, Brasil)

Amais, Geazi
Apometria e desdobramento múltiplo: novos rumos para a desobsessão/ Geazi Amais. – São Paulo: Madras, 2023.
ISBN 978-85-370-0572-9

1. Cura espiritual 2. Espiritismo 3. Espírito e corpo 4. Fluidos magnéticos 5. Parapsicologia 6. Projeção astral I. Título.

10-01894   CDD-133.92

Índices para catálogo sistemático:
1. Apometria: Espiritismo 133.92

É proibida a reprodução total ou parcial desta obra, de qualquer forma ou por qualquer meio eletrônico, mecânico, inclusive por meio de processos xerográficos, incluindo ainda o uso da internet, sem a permissão expressa da Madras Editora, na pessoa de seu editor (Lei nº 9.610, de 19.2.98).

Todos os direitos desta edição reservados pela

MADRAS EDITORA LTDA.
Rua Paulo Gonçalves, 88 – Santana
CEP: 02403-020 – São Paulo/SP
Caixa Postal: 12183 – CEP: 02013-970
Tel.: (11) 2281-5555 – (11) 98128-7754
www.madras.com.br

Dedicatória

Dedico este livro, com todo o meu amor, ao casal que nesta existência são meus pais: SEVERINO AMAIS e MARLY FERNANDES DO NASCIMENTO AMAIS – à minha companheira que amo, que vem compartilhando comigo tanto as minhas alegrias como as minhas tristezas e que constantemente me apoia nessa tarefa maravilhosa: PATRÍCIA BARONI – e à minha princesinha: BONNEY MARRIETI AMAIS.

Agradecimentos

Externando a alegria que sinto em poder aproveitar esta grandiosa oportunidade de escrever este livro, agradeço carinhosamente a DEUS, que está em tudo e em todos; ao Mestre JESUS, que, há cinco bilhões de anos, antes mesmo de a Terra existir como Planeta, **ELE** já dirigia a formação da MESMA, cuja Humanidade assistiu a todos e que, nesse trabalho maravilhoso da Apometria e Desdobramento Múltiplo, tem permitido a cobertura e o amparo dos grandes Mestres desencarnados e encarnados, que dentre eles destacaremos aqui o nome de:

IRMÃ TEREZA, RAMATÍS, Equipe MAHADON, Dr. JOSÉ LACERDA DE AZEVEDO, J. S. GODINHO e MARCIO GODINHO.

Agradeço também de forma geral, porém bastante especial pela paciência e pelo muito que aprendi com todos os que eu encontrei e continuo encontrando no caminho, a pessoa maravilhosa que é a minha companheira PATRÍCIA BARONI, que me apoia nas minhas tarefas e que compartilho tanto as minhas alegrias como as minhas tristezas; minha filha BONNEY MARRIETI AMAIS, que muito me surpreendeu aos 2 anos de idade, aplicando passes generalizados, e aos 3 anos, participando dos trabalhos de "arte-cura" (pulsando energias e tudo!!!) Embora não se ouvia o som do estalar dos dedinhos – (*risos*).

Agradeço, do fundo do meu coração, à Apometria e ao Desdobramento Múltiplo, pela atual existência dela (minha filha), pois num espaço de tempo aceleradíssimo, recuperou-se da rebeldia, conscientizou-se e foi resgatada de determinada região do Astral Inferior onde estava enraizada (na forma de galhos de árvores), reencarnando em seguida, fisicamente e mentalmente perfeita, podendo eu sentir, hoje, que ela continua sendo a minha princesinha.

Não poderia jamais deixar de agradecer aos queridos amigos e companheiros, tanto os que trabalham na incorporação, como os que trabalham na doutrinação, não esquecendo jamais os que estagiam nas nossas mesas mediúnicas visando educar e em breve trabalhar a mediunidade, tanto a mediunidade estática, como a mediunidade fenomênica; sem contar que estes, muitas vezes inconscientemente, fornecem energias positivas, ajudando muito na sustentação do trabalho prático. Não poderia mesmo deixar de externar esta energia de alegria para esses grandes trabalhadores do CENTRO ECUMÊNICO RAMATIS, incluindo, é claro, aqueles que atualmente executam suas atividades em outros grupos aqui dessa e de outras regiões do nosso Planeta.

EU ADORARIA COLOCAR O NOME DE TODOS AQUI. MAS GUARDO ESSA RELAÇÃO COM MUITO CARINHO, DENTRO DO MEU CORAÇÃO.

Admiro muito, muito mesmo, os trabalhadores que, apesar das intensas dificuldades, continuam realizando suas tarefas socorristas e confirmando o acerto da nossa querida mestra, amiga Irmã Tereza, quando diz: *"...vocês estão trocando dores maiores por dores menores..."*.

Minha gratidão à Provedoria, à Diretoria e aos funcionários do Hospital Dr. Adolfo Bezerra de Menezes de São José do Rio Preto, representados pelo Simpático casal GRÁCIO e JOANITA, compreendendo nossa situação, abrindo as portas para a divulgação, pesquisa e prática da Apometria e do Desdobramento Múltiplo, buscando e encontrando a cura ou a recuperação acelerada daqueles pacientes, cujos nomes foram encaminhados até nós, e que conscientes ou inconscientes se submeteram a esse tratamento, embora sem a presença física dos mesmos.

É do nosso desejo que estas grandiosas oportunidades continuem nos sendo dadas, visando provar por meio do acompanhamento dos casos, da pesquisa, da prática, da estatística e da divulgação, a veracidade e o avanço dessas Fantásticas Ferramentas, e Estas, alicerçadas na Doutrina dos Espíritos Benfeitores. Conscientes estamos da clareza de que apenas o Amor é capaz de mover qualquer grupo desobsessivo.

Nesses nove anos que tenho dedicado aos estudos, ministrando cursos teóricos e práticos de Apometria e Desdobramento Múltiplo, agradeço às centenas de amigos que foram meus alunos, todos aqueles que se submeteram ao tratamento com os novos procedimentos e que de uma forma direta ou indireta muito me ajudou e me incentivou a escrever este livro.

Para que os leitores saibam um pouco da minha pessoa, relato aqui uma das vivências que tive nesta existência, especialmente a que relato a seguir. Porém, antes, desejo agradecer ao meu querido amigo e professor RODRIGUES FERREIRA (fundador e dirigente da Associação Espírita a Caminho da Luz), que, quando participava das atividades dessa casa, tive a grande oportunidade de acompanhá-lo em suas exposições, absorvendo um pouco de conhecimento, obtendo assim uma clara noção da causa e do efeito e da pluralidade das existências, por meio das palestras e dos grandes cursos ministrados por ele: CREP (curso de recomposição do equilíbrio psicofísico) e APROE (aprofundamento no Espiritismo).

Em 1999, eu filmava suas palestras; ele estava fazendo um seminário em Piracicaba/SP e eu lá, todo exibido! Estava sentindo que muitos, dentre os trezentos participantes (público) que ali estavam, queriam estar no meu lugar. Mas esta sensação ficou até o término do seminário, pois após o mesmo, o professor pediu que eu escrevesse na lousa o endereço de *e-mail* do nosso centro. Enquanto ele ditava, eu escrevia... Até que ele

ditou @, e eu (*que era leigo em computador*), literalmente, escrevi arroba. Ficou mais desajeitado ainda quando percebi que não era bem aquilo. Corrigi tirando uma letra (r) – ficando "aroba", e vendo que ainda não estava correto, perguntei:
– Tem acento? *(risos)*
Bom, eu estava diante de uma plateia e tive também uma grande lição.
Lembro-me que certa vez ele disse: "Sorte é o encontro da oportunidade com o preparo".
Então, foi no ano 2000, quando eu buscava me preparar para as oportunidades, que possivelmente surgiriam; ele organizou uma excursão para participarmos do V Congresso de Apometria em Lages/SC. O que aconteceu? Acabei conhecendo o J.S.Godinho! E aí, nem preciso contar o resto... Voltei hiperempolgado! Contaminado mesmo dessa Luz chamada Apometria e que, muito em breve, iluminaria completamente o Desdobramento Múltiplo. Por isso eu digo: Muito! Mas Muito obrigado mesmo, **PROFESSOR**, pois foi por meio de Ti que, naquela época, tudo isso eu conheci...
Muito obrigado a todos.

Geazi Amais
"...Quem decide pode errar.
Quem não decide já errou".
(Hebert, maestro alemão)

Índice

"Nunca Deixe a Espera Matar a Esperança"..........13
Introdução..........17
Mensagens de Alerta para o Apômetra..........25
O que é Apometria..........41
Leis da Apometria e para que Servem..........45
Leis das Personalidades Múltiplas
e das Subpersonalidades..........49
Sistema Lacerda – Sistema Godinho..........53
Raízes de Algumas Desarmonias..........55
O que Mais se Pode Tratar com Apometria e Desdobramento
Múltiplo..........69
Outros Recursos Terapêuticos..........71
Análise da Obsessão..........73
Roteiro para o Trabalho Prático..........79
Técnicas para Tratamento..........87
Casos Atendidos no Centro Ecumênico Ramatis..........95
Tira Dúvidas..........109
Trechos Extraídos do Livro *Não há mais tempo*..........123
Palavras do Autor..........131
Referências Bibliográficas..........135

"Nunca Deixe a Espera Matar a Esperança"

Hoje recebi uma tarefa diferente e muito honrosa (*Prefácio??? Introdução??? Palavras amigas???*) de escrever um texto sintético sobre o autor **Geazi Amais**, a quem, como ser humano, rendo tributos de afeição e profunda admiração ao seu trabalho profissional e, principalmente, àquele voltado ao "Campo Espiritual", como dedicado Servo e Divulgador Palestrante sobre temas Espiritualistas, em especial, aqueles no campo da **APOMETRIA E DO DESDOBRAMENTO MÚLTIPLO**.

Este livro, objeto de sua dedicação e vivências a serviço do próximo sob a proteção do "Campo Espiritual", versa sobre o tema "NOVOS RUMOS PARA DESOBSESSÃO". Trará com certeza profundos conhecimentos, bem como técnicas testadas e exitosas no trato com essas energias (**nossos irmãos de outras e por vezes desta encarnação**).

Eu mesmo, "vítima" de muitos obsessores do passado, encontrei na **APOMETRIA E NO ESDOBRAMENTO MÚLTIPLO** o mecanismo a partir do qual caminho "firme" em direção ao amor fraternal e incondicional, entendendo e concluindo que, em todas as minhas "provações e agruras", não sou delas a vítima **e sim parte;** parte esta na maioria das vezes "perdida e estacionada" em passado remoto (**milhares de** anos no passado), mas que influenciam de forma direta nas minhas realizações e frustrações de *hoje*.

Encontrei na mão amiga e fraternal deste **SER**, que ora se chama **Geazi Amais**, e do **Centro Ecumênico Ramatis de São José do Rio Preto/SP**, o "apoio" paciente. Isto me propiciou a oportunidade direta de pedir com meu coração, **coração crístico**, perdão a cada um dos muitos dos "*meus obsessores*", com isso libertando-os de ódios remanescentes de muitas eras, colocando-os no caminho da evolução, por meio da espiritualidade amiga, sempre presente, fazendo desta forma a "faxina" em meus outros corpos, além do físico (material), aprendendo e promovendo uma profunda **"REFORMA ÍNTIMA"**.

Estamos aqui para evoluir, e só somos "promovidos" ao degrau imediatamente superior, quando a "Tarefa ou Lição" daquele degrau em que vivemos no momento tenha sido amplamente executada e assimilada; enquanto isso:
"NÃO VAMOS DEIXAR A ESPERA MATAR A ESPERANÇA".

Meus agradecimentos aos vinte e um MESTRES ASCENCIONADOS, aos meus protetores, mentores e companheiros deste e de outros planetas, especialmente os de Órion/Betelgeuse e aos "meus" MESTRES e AMIGOS encarnados, principalmente os da Casa do Evangelho – JUNDIAÍ-SP.

Todos receberão de mim, sempre, AMOR; não importando seu "GRAU EVOLUTIVO", pois somos todos "CRIATURAS" e filhos de DEUS.

O meu desejo é que todos possam ter:
...O firme fundamento das coisas que se esperam e a prova das coisas que não se veem...". A FÉ.
(Texto bíblico, Hebreus 11:1)
Alberto Ferrarezi – Casa do Evangelho – Jundiaí – SP

***Compartilhe tudo que você vier a saber*
Apenas com quem quiser aprender***
(Geazi Amais)

***Vamos conscientizar que a existência na Terra
É uma viagem educativa e que muito se erra...
É necessário verificar, de vez em quando,
Como e para onde estamos viajando***
(Geazi Amais)

Introdução

Impossível seria explorar tudo sobre a Apometria e o Desdobramento Múltiplo em apenas um livro. Sendo assim, sentimos a necessidade de compartilhar a experiência da nossa tarefa com todos aqueles que, de alguma forma, estão buscando essas Ferramentas de Trabalho.

Uma das principais informações que a Apometria e o Desdobramento Múltiplo nos traz é a de mostrar claramente que a maioria das nossas desarmonias, somatizadas no nosso corpo físico ou na nossa mente, tem suas raízes implantadas nas profundezas do nosso inconsciente (conjunto de cinco corpos sutis que formam o perispírito e armazenam as **personalidades físicas, subpersonalidades e/ou personalidades múltiplas**) – e o que é pior: essas raízes são alimentadas pelos nossos comportamentos negativos, tais como:

• Cabeça e mãos desocupadas, palavra irreverente, boca maledicente, conversa fútil prolongada, atitude hipócrita, gesto impaciente, inclinação pessimista, conduta agressiva, comodismo exagerado, carência de solidariedade, ideia de que os outros são ingratos e maus, pretensão de que o nosso trabalho é excessivo, desejo muito intenso de apreço e reconhecimento, impulso de exigir mais dos outros do que de nós mesmos, fuga para os vícios e ou prazeres mundanos, etc.

No Catolicismo, fala-se da alma e do físico. No Espiritismo, fala-se do espírito, do perispírito e do físico. Nós, que estamos estudando a **Apometria e o Desdobramento Múltiplo**, **à Luz da Doutrina Espírita codificada por Allan Kardec**,* vamos falar dos sete corpos, sendo estes os veículos de manifestação do Espírito que são: Corpo físico, corpo duplo-etérico, corpo astral, corpo mental inferior, corpo mental superior, corpo buddhi e corpo átmico. Porém, segundo experiência do nosso trabalho e informações de nossos mentores, o conjunto dos cinco corpos sutis que formam o perispírito são:
 a) Corpo Astral – molde que estrutura o novo corpo físico;
 b) Corpo Mental Inferior – sede dos cinco sentidos e da intelectualidade – as subpersonalidades e personalidades múltiplas impulsionadas pelos atributos desse corpo apegam-se com facilidade aos vícios e prazeres mundanos;
 c) Corpo Mental Superior – departamento que faz avaliações, formula teorias, relaciona símbolos e leis – é o "senhor" da vontade e da imaginação; as subpersonalidades e personalidades múltiplas impulsionadas pelos atributos desse corpo apegam-se com facilidade ao mando e ao poder;
 d) Corpo Buddhi – semelhante a um almoxarifado carregado de ações do espírito, praticadas em vivências passadas – bilhões de anos vividos – que geralmente são pendências, aguardando soluções equilibradas.

Quando o espírito detecta – conclui – sente que a consciência física está em dia com o "acerto das contas" e, ainda assim, tem estrutura ou forças para resolver certas pendências do passado que não estavam programadas para ser resolvidas na vida atual, concluímos que este, automaticamente, abre a porta de um determinado nível do corpo buddhi, direcionando assim esses conteúdos pendentes (personalidades múltiplas) para os corpos sutis mais próximos da consciência física (corpo mental superior, mental inferior e corpo astral), para que esta enfrente equilibradamente, **não esquecendo, e sim resolvendo definitivamente.**

---

* N.E.: Sugerimos a leitura de *A Verdade Revelada por Allan Kardec*, de Gisele Guiot, Madras Editora.

Se a consciência física não levar a sério e não resolver equilibradamente essas pendências, naturalmente repercutirão no corpo físico e/ou psíquico, possíveis dissabores na forma de doenças;
e) **Corpo Átmico** – armazena o Espírito – o primeiro corpo do Espírito.

Os corpos sutis que nós mais trabalhamos são o Mental Superior, o Mental Inferior e o Corpo Astral, que por meio dos seus atributos impulsionam positivamente ou negativamente seus conteúdos que tanto podem ser as **P.F. (personalidades físicas), as S.P. (subpersonalidades – atuais – que vêm do consciente – ligadas no presente), como também as P.M. (personalidades múltiplas – antigas – que vêm do inconsciente – ligadas no passado).** Vale lembrar aqui que, quando uma personalidade física e/ou uma subpersonalidade estiver sintonizada ou incorporada no médium e esta for regredida ou sintonizada com uma época passada, automaticamente esta passará a manifestar o comportamento que teve naquela época (semelhante a uma personalidade múltipla). O doutrinador deve estar atento e não esquecer de trazer a personalidade para a época atual (o aqui e agora), de modo que o passado escuro possa clarear o momento presente.

Para que possamos acessar essas raízes implantadas nas profundezas do inconsciente, primeiro se faz necessário verificar com qual dos três corpos sutis estão relacionados os sintomas relatados pelo cliente. Essa verificação se tornará cada vez mais fácil, quando a pessoa estudar mais os corpos sutis, seus atributos, os conteúdos dos corpos sutis e também usar mais a intuição, como por exemplo:

a) pessoa que chega queixando ou aparentando **ser muito mandona**; logo, vamos dar a ordem de comando (mental e verbal, pulsar energias com o estalar dos dedos), visando estabelecer a sintonia dos médiuns, com as possíveis causas do **mando** que, com certeza, são as subpersonalidades impulsionadas pelos atributos do corpo mental superior ou as personalidades múltiplas que estão desdobradas (ligadas por cordões fluídicos) desarmonicamente, impulsionadas pelo mesmo corpo sutil.

Quando o doutrinador sentir – perceber ou tiver a intuição que as possíveis causas deixaram certas marcas nos corpos sutis, deve este aplicar esta mesma técnica, visando afrouxar a coesão dos corpos sutis, níveis e subníveis, fazendo a "**leitura**" desses corpos, **por meio da faculdade psicométrica somada à visão mental** (tal recurso pode ser confundido com incorporação; é semelhante).

Em casos semelhantes a estes, para facilitar ao leitor, escrevo aqui exatamente como faço nas nossas sessões de desobsessão:

Vamos sintonizando com as personalidades (P.F. – S.P. – P.M.) ligadas ou impulsionadas pelo corpo mental superior, fazendo a investigação extrassensorial de causas – raízes das desarmonias vivenciadas pelo paciente e, se preciso for, vamos incorporando esses conteúdos, doutrinando rumo à conscientização, reacoplando-os ou encaminhando-os.

Agora vamos afastando um pouquinho o corpo sutil mental superior dos demais corpos, afrouxando levemente a coesão dos níveis e subníveis desse corpo, para iniciarmos a projeção da cromoterapia mental na cor amarelo-limão, dissolvendo as marcas negativas deixadas pelas personalidades que estavam contra a proposta encarnatória dele (paciente), a cor violeta-luminosa recompondo – refazendo –, reconstituindo as lesões nesse corpo sutil.

Nota: Tanto para estabelecer a sintonia entre médiuns e paciente, como para o afrouxamento dos corpos, níveis e subníveis, como também para a projeção das cores, conto os números em voz baixa – de modo que apenas o médium que estiver trabalhando comigo ouça os números, como: um, dois, três, estalando os dedos – conto até quantos números eu achar necessário – sempre prestando atenção nas reações do médium e seguindo a intuição.

Vejamos então que, com a utilização da Apometria e do Desdobramento Múltiplo, fica perfeitamente possível e facilita muito aos médiuns fazerem a "leitura" dos corpos sutis para dissolver as marcas negativas, entrando também em sintonia com as causas geradoras dos problemas. **Ou, em outras palavras, sintonizando e/ou incorporando os conteúdos perturbadores (personalidades físicas, subpersonalidades e/ou personalidades múltiplas) dessas partes desdobradas e dissociadas desarmonicamente.**

Digo conteúdos perturbadores por estarem estes fixos e/ou perdidos em outros tempos, em que ocupavam postos que hoje não ocupam ou eram generais ou até mesmo fixos em vivências passadas da existência atual, enquanto ainda no útero materno, vivenciando uma **gestação conturbada**, ou também episódios frustrantes na infância, na mocidade ou na velhice, entre outros, pulsando negativamente nas personalidades físicas e subpersonalidades, gerando os dissabores tanto no físico como no psiquismo.

b) pessoa que nos procura para se livrar dos vícios e prazeres mundanos, logo, vamos repetir o processo. Porém, sintonizando com as personalidades equivocadas, impulsionadas pelos atributos do corpo mental inferior;

c) pessoa que vai fazer uma cirurgia reparadora no corpo físico, seria mais coerente, antes, fazer a "leitura" do corpo astral e, após a "leitura", fazer primeiro a cirurgia reparadora de dentro para fora e, depois sim, fazer a cirurgia reparadora de fora para dentro.

Trabalhamos com o sistema de duplas (de três a seis doutrinadores e de três a seis sensitivos) e, ao iniciar um trabalho de Desdobramento Múltiplo, sintoniza as personalidades desdobradas – dissociadas desarmonicamente nos médiuns simultaneamente, facilitando assim o trabalho.

Nota: Quando o dirigente nota que ainda tem mais subpersonalidades e personalidades múltiplas a serem tratadas, e estiver dentro do tempo do atendimento, repete-se esse processo. Caso contrário, orienta para marcar um retorno se possível após 21 dias.

Sempre ocorre de detectarmos subpersonalidades e/ou personalidades múltiplas impulsionadas com mais intensidade pelos atributos do corpo mental superior, dominando personalidades impulsionadas pelos atributos dos demais corpos sutis (corpo mental inferior e corpo astral), num verdadeiro atrelamento ou **linha de rebeldia**. Neste caso, cada dupla fica responsável por um corpo sutil, repetindo o processo de: Sintonizar com as personalidades (P.F. – S.P. – P.M.) **ligadas ou impulsionadas pelo corpo sutil em questão, fazendo a investigação extrassensorial de causas – raízes das desarmonias citadas pelo paciente, incorporando quando preciso estes conteúdos, afastando um pouquinho o corpo sutil dos demais corpos, afrouxando levemente a coesão dos níveis e subníveis desse corpo, para iniciarmos a projeção da cromoterapia mental na cor amarelo-limão, dissolvendo as marcas negativas deixadas pelas personalidades que estavam contra a proposta encarnatória dele (paciente), a cor violeta-luminosa recompondo – refazendo –, reconstituindo as lesões no corpo sutil.**

Fica claro que dentro dessas partes (corpos sutis), estão os conteúdos perturbadores. Ou melhor dizendo: as **personalidades físicas, subpersonalidades** (atuais). Mas muitas vezes, ao fazer a leitura desses corpos sutis, níveis e subníveis, detectamos **personalidades múltiplas** (antigas), vivendo "dentro e/ou fora" desses recipientes (corpos sutis), perdidas, presas, fixas ou sintonizadas – em ressonância com outros tempos, vivendo uma vida paralela. **Porém, ditando comportamentos atuais tais como medo demasiado, muito orgulho e obstinação.** É aí que nos deparamos com as pendências ou raízes das doenças, somatizadas no corpo físico e psíquico. Vale lembrar que este assunto não é novidade, pois o Espírito Joana de Angelis, por meio do médium Divaldo Pereira Franco, no livro *Triunfo Pessoal*, diz o seguinte: *"...Toda vez que alguém foge de um enfrentamento psicológico, encontrá-lo-á adiante mais desafiador e mais enraizado no Self (espírito), aguardando solução equilibrada.*

Enquanto a consciência recusa-se a aceitar os desafios ocultos nos refolhos do ser, mascarando as dificuldades e conflitos em aparências distantes da realidade, maior se faz a pressão desses conteúdos sobre o ego (personalidade), perturbando-lhe o comportamento...".

Figura dos corpos desdobrados e a dissociação do mental superior, mental inferior e corpo astral em sete níveis.

Nota: Representação esquemática do nosso modelo de inconsciente, baseado no estudo de Charles Lancelin, seguindo o aprofundamento do J. S. Godinho, no que se refere à dissociação do corpo mental superior, mental inferior e astral em sete níveis cada um, perfazendo 21 níveis, podendo ainda ser dissociado cada nível em sete subníveis, totalizando 147 subníveis.

Os corpos sutis que mais acessamos para trabalhar com a Apometria e com o Desdobramento Múltiplo são os Corpos Mental Superior, Mental Inferior e o Corpo Astral.

De acordo com a experiência do nosso trabalho, concluímos que temos quatro tipos de sintonia ou incorporação:
a) **Espírito** (desencarnado);
b) **P.F.** (Personalidade física do encarnado – vem do consciente – atual – ligada no presente);
c) **S.P.** (Subpersonalidade do encarnado – vem do consciente – atual – ligada no presente);
d) **P.M.** (Personalidade múltipla do encarnado – vem do inconsciente – antiga – ligada no passado de outra existência).

Conforme os estudos e as pesquisas de J.S Godinho, entende-se que os corpos sutis, níveis e subníveis dos corpos sutis agem por automatismo e por controle da consciência. Vejamos mais especificamente o que ele diz no livro *Conflitos Conscienciais*:

"...*a consciência se compõe de personalidade física, lúcida, que dirige grosseiramente o corpo físico e personalidades múltiplas e subpersonalidades que influenciam vigorosa, porém, sutilmente a personalidade física (e estes elementos, quando estão contra a proposta encarnatória, continuam), ditando comportamentos e fazendo surgir sintomas, doenças, desarmonias e impulsos de toda ordem...*"

Mensagens de Alerta para o Apômetra

MENSAGENS DE ALERTA DE DIVERSOS ESPÍRITOS, DIRECIONADAS PARA TODOS, MAS PRINCIPALMENTE PARA OS QUE ESTÃO TRABALHANDO E QUE PENSAM EM TRABALHAR COM APOMETRIA E DESDOBRAMENTO MÚLTIPLO.
(Recebidas mediunicamente através de Geazi Amais)

MENSAGEM DE ALERTA *(Equipe Espiritual de Pesquisa Dr. José Lacerda de Azevedo e Irmã Tereza)*
Caros amigos. Que a Paz e a Luz estejam em vós.

Desta vez, meus amigos, venho com o objetivo de convidar-vos a deixar de QUERER e passar a SER...

Isso mesmo! Deixar de querer JESUS para si e passar a SER, ao menos um pouquinho, DELE – ao menos um pouquinho, COMO ELE.

A aceitação desse convite consiste em AMOLECER... SUAVIZAR... ABRANDAR ainda mais vosso coração, permitindo que a PAZ adentre, impregnando, de modo que sublime as emoções inferiores e aflore também as emoções superiores.

Sabei vós que estão chegando até vossas mãos FERRAMENTAS AFIADÍSSIMAS...

Sabeis também que somente o AMOR poderá transmutar as montanhas de pensamentos e atitudes negativas.

Agradecemos a DEUS e a todos VÓS que estão permitindo o resultado vislumbrado desta singela MENSAGEM DE ALERTA, na plena certeza de que depois desta PEQUENA – GRANDE transformação, também vereis que é e sempre foi perfeitamente possível, em vosso repouso, analisar vossas ações equivocadas, programando-se para não repetir os mesmos erros NO PRÓXIMO DIA – NA PRÓXIMA EXISTÊNCIA.

Amigos, o nosso PAI que está no Céu opera em VÓS, através de VÓS!

Muitos de VÓS estais ABALADOS espiritualmente, mas muitos de VÓS estais ACOMODADOS espiritualmente!

Tanto UNS como OUTROS estão necessitando de exemplos, e a espiritualidade benfeitora está colocando em vossas mãos MAIS ESTA RESPONSABILIDADE – MAIS ESTA OPORTUNIDADE.

Esses nossos irmãos ABALADOS e/ou ACOMODADOS espiritualmente não estão sendo capazes de caminhar com os próprios pés!

DEVIDO ÀS CONSEQUÊNCIAS DE VOSSAS AÇÕES NEGATIVAS, NESTE E EM OUTROS TEMPOS, estamos seguindo AS ORDENS SUPERIORES, não só colocando em vossas mãos FERRAMENTAS SOFISTICADAS, como também conduzindo até vós muitos dos nossos amados irmãozinhos necessitados, ENCARNADOS E DESENCARNADOS, orientados para APENAS OBSERVAR o VOSSO COMPORTAMENTO E, possivelmente, SEGUIR o VOSSO EXEMPLO... Lembrem-se:

"... A quem muito é dado, muito será cobrado."
Oh, Céus! Quantas decepções,
Insensíveis desaprovações...
Quanta promessa não cumprida,
Quanto acréscimo na dívida...

FALTA EXATAMENTE MEIO SÉCULO PARA A FINALIZAÇÃO DESSA GRANDIOSA TAREFA DE ALERTA. PORTANTO, O ALERTA ESTÁ PARA TODOS VÓS, MAS NEM TODOS VÓS ESTAIS PARA O ALERTA. PARA ESTES, QUE CONTINUAM NA OBSTINAÇÃO DO DESAVISO DANDO AINDA MAUS EXEMPLOS, LAMENTAVELMENTE PERDEM MUITO MAIS DO QUE PERDEM OS NOSSOS AMADOS IRMÃOZINHOS QUE OS ESTÃO COPIANDO...

Queridos amigos, procurem o significado real da palavra DOAÇÃO e exteriorizem esta dádiva de SI para o OUTRO!

O ORGULHO E A GANÂNCIA não VOS levarão a nada!

Quando voltarem para cá, trarão apenas a consciência do DEVER CUMPRIDO ou do DEVER NÃO CUMPRIDO! Este último, meus amigos, é inseparável do ARREPENDIMENTO... Dezenas de vezes mais doloroso e muito mais triste do que o ARREPENDIMENTO que um dia sentiram aí onde estão.

PARA SE LIBERTAR DESSE SOFRIMENTO, PODE DEMORAR MILÊNIOS... QUANDO QUE SE PODERIA EVITAR TUDO ISSO EM SEGUNDOS...

REFLITAM MAIS SOBRE A EXISTÊNCIA DE JESUS... ESTE sim nos deixou belíssimos exemplos...

(Mensagem da Equipe Espiritual de Pesquisa Dr. José Lacerda de Azevedo e da Irmã Tereza, no Centro Ecumênico Ramatis *de São José do Rio Preto/SP, em 26/04/2007 às 11h)*

MENSAGEM DE ALERTA II *(Equipe Espiritual de Pesquisa Dr. José Lacerda de Azevedo)*

Queridos Irmãos. Que a **PAZ** e a **LUZ** estejam em **VÓS**.

Vocês não imaginam o quanto é difícil, daqui, ver o problema bem antes de aflorar aí, sem poder fazer nada mais do que influenciações positivas quase sempre sem sucesso.

Devido à vossa **AGITAÇÃO** psicomotora, **CORRERIA, ESTRESSE, PREOCUPAÇÃO,** ou melhor dizendo:

Falta de usar mais a **INTUIÇÃO** e a **FÉ**, infelizmente está sendo preciso aflorar, escancarar ou deixar somatizar aí no vosso mundo objetivo das formas, os sintomas desagradáveis, para só então vocês movimentarem energias, usando as preciosas ferramentas que ficam mais nas gavetas arquivadas ou guardadas não por zelo, mas por simples medo da responsabilidade, embora tenham o coração bom e sejam trabalhadores...

Quando estiverem em preces, reflitam mais sobre o que pedem! Sabeis vós que não existe mágica!

Tudo tem um processo e este pode ser doloroso, causando a impressão de que não foram amparados e é justamente o momento em que estão sendo atendidos!

Daqui, fica claríssimo que se perde de vista o tamanho do vosso PEDIR sem MEDIR ou no mínimo sem DESCONFIAR do "delicado" PROCESSO usado para o mérito da Bênção, sem contar que a maioria de vocês desistem ou rebelam-se contra a Bondade Divina sem nem chegar na metade do caminho ou do processo...

No atual momento, qualquer espírito benfeitor com conhecimento e amor está terminantemente proibido ou impossibilitado de fazer o que compete ao encarnado!

Nada de errado pedir mais Luz, Força e Sabedoria para fazerem o que compete a VOCÊS!

Chega de pedir coisas prontas e partam para o trabalho, baseados na instrução, utilizando a energia vital, mental, cósmica e espiritual que sempre esteve, estão e vão estar ao alcance de todos VOCÊS. Portanto, irmãos que utilizam a **APOMETRIA** e o **DESDOBRAMENTO MÚLTIPLO, sendo estes ESPÍRITAS, ESPIRITUALISTAS, UMBANDISTAS, CATÓLICOS, ETC., ETC., ETC.**; como diz o nosso Amigo e Mestre Dr. BEZERRA DE MENEZES:

" AMAI-VOS E INSTRUÍ-VOS!".

Devido ao vosso atraso, no que se refere à falta de CONFIANÇA INTERNA, está sendo difícil, quando não, impossível, para a espiritualidade benfeitora cooperar com o vosso trabalho,

com a vossa tarefa, com o vosso compromisso, sem ter que aflorar as pendências por meio da dor...
Atualmente, está sendo mais do que necessário o pesadelo, visando acordá-los do profundo sono...
Atualmente, está sendo necessário o barulho ensurdecedor do defeito, para poder corrigi-lo...
ACORDAI, ACORDAI, IRMÃOS, PARA O NOVO DIA QUE NASCE! NÃO É MAIS TEMPO DE PERDER TEMPO!
Já passa da hora em que VOCÊS devem superar o MEDO e usar as SINALIZAÇÕES ou SOMATIZAÇÕES PSICOFÍSICAS e ESPIRITUAIS dos dissabores como AUTORIZAÇÕES ou PERMISSÕES para arregaçarem as mangas e colocarem as mãos na massa!
Estão desperdiçando muito tempo em infinitas sessões com quadros simples sem concluírem com eficácia!
VOCÊS SÃO ESPECIALISTAS APENAS NAS FAXINAS E INVESTIGAÇÕES ASTRAIS?
Lembrem-se:
– NÃO É PRECISO SER UMA ENCICLOPÉDIA AMBULANTE. Mas devem saber de tudo um pouco!
É CORRETO fazer ao outro o que quer que ele faça a **VOCÊ**. Mas também não deve esquecer-se de fazer a **VOCÊ** o que faz ao outro!
Não estamos nem perto da altura de poder ler as fixas cármicas ajudando um e não o outro!
Vamos fazer o bem sem olhar a quem!
Pois a cada um é dado conforme as suas obras!
Vamos unir e levar a Luz para a escuridão!
Novamente pergunto:
ONDE ESTÁ A VOSSA CRIATIVIDADE?
ONDE ESTÁ A VOSSA INTUIÇÃO?
Todos vocês precisam exteriorizar o que teoricamente já sabem, fortalecendo o potencial da vossa capacidade, vencendo os desafios, pois sempre estiveram, estão e vão estar amparados!
QUE FAÇAMOS MAIS PARA CONTINUARMOS MERECENDO ESTES ACRÉSCIMOS DA MISERICÓR-

DIA DIVINA QUE VÊM NA FORMA DOS ALERTAS, SOANDO ALTO EM TODOS OS INSTANTES E LUGARES.
(Mensagem da Equipe Espiritual de Pesquisa Dr. José Lacerda de Azevedos, no Centro Ecumênico Ramatis de São José do Rio Preto/SP, em 03/08/2007 às 5h)

MENSAGEM DO VII WORKSHOP em São José do Rio Preto/SP *(Equipe Espiritual de Estágio e Apoio Dr. José Lacerda de Azevedo)*
Queridos amigos, queridos irmãos em Cristo. **Que a PAZ do GRANDIOSO MESTRE JESUS esteja com todos VOCÊS.**
DEUS sempre estará presente. Mas, nos dias que ocorrem os trabalhos semelhantes aos de hoje, **ELE** se faz presente em **ESPECIAL**, trazendo muita **LUZ. LUZ** esta que **TRAZ À TONA ALGUMAS DE NOSSAS MAIS PROFUNDAS MAZELAS**, cada vez com **MENOS MELINDRES...**

GRAÇAS AO PAI E A VÓS, que reunidos aqui, com a sintonia voltada ao estudo, puderam receber a recompensa, **REALIZANDO COM SUCESSO ESTE GRANDE EVENTO, DEPOIS DE TODOS OS VOSSOS ESFORÇOS.**

SENHOR JESUS, é do nosso desejo sentir o VOSSO AMOR E A VOSSA LUZ para que todos aqui presentes, tanto os encarnados como os desencarnados, sintam-se amparados, confortados e curados.

Em especial, **MESTRE**, permita-nos vibrar mais **LUZ e AMPARO PARA TODOS OS GRUPOS DE TRABALHO ASSISTENCIAL NAS SESSÕES DA MEDIUNIDADE FENOMÊNICA, QUE HÁ MUITO SE ESFORÇAM E SACRIFICAM SEUS TEMPOS E SEUS AFAZERES PARA ESTAREM AQUI FISICAMENTE E MENTALMENTE, TANTO NOS DIAS DE ESTUDOS COMO NOS DIAS DE TRABALHOS, COM O INTUITO DE REDUZIR O SOFRIMENTO HUMANO, A OBSESSÃO E A AVASSALADORA AUTO-OBSESSÃO, OU MELHOR DIZENDO:**
– EXERCITAR A CARIDADE PARA COM ELES PRÓPRIOS E AO PRÓXIMO. ESTA, QUE É O BÁLSAMO DA VIDA.

QUE O AMADO IRMÃO, MESTRE JESUS, ESTEJA SEMPRE CONVOSCO EM VOSSAS REUNIÕES, DERRAMANDO A PAZ, O AMOR E A ESPERANÇA.

(Mensagem da Equipe Espiritual de Estágio e Apoio Dr. José Lacerda de Azevedo, no encerramento do VII Workshop de Apometria do Centro Ecumênico Ramatis, exposto por J. S. Godinho em um domingo, 19/08/2007, realizado no Auditório do Hospital Dr. Adolfo Bezerra de Menezes de São José do Rio Preto/SP)

FILHINHA (Esta mensagem foi recebida por uma Personalidade Múltipla de Geazi Amais)

Quanto tempo ainda vai custar para **VOCÊ** atender ao chamamento?

CUIDADO!

VOCÊ está passando por um grande **teste** que poderá ser **APROVADA** OU **REPROVADA**...

Tens em mãos tudo que precisa para sair desse **VALE DE LÁGRIMAS EM QUE, AO MESMO TEMPO, OUVE-SE O SOM DAS GARGALHADAS**...

Deus é perfeito, pois tudo fez sem defeito!

Ainda é tempo de afinar seu instrumento!

A treva **ESTAVA** em festa, cantando ponto de vitória.

A **LUZ** já não **BRILHAVA** tanto como brilha agora!

Ainda que a possibilidade da LUZ vencer seja real, **INFELIZMENTE**, a possibilidade da treva ter a **ilusão** da vitória também é real... Pena que esta "ilusão", **SE FOR COLOCADA NA BALANÇA**, custará a **VOCÊ** várias existências sob o peso da **COBRANÇA**.

No momento, NINGUÉM PODE interferir e proibir **VOCÊ** de descer às profundezas das furnas umbralescas... Mas muitos olhos estão lhe observando e muitos deles estão vibrando pelo seu sucesso espiritual.

Quanto tempo vai demorar ainda para desconfiar que está sendo **TESTADA**?

CUIDADO!

VOCÊ ainda está no comando... Mas até quando vai o cumprimento da corda que lhe estão dando? Contando a partir de hoje, **VOCÊ** tem **POUQUÍSSIMO TEMPO DE "COLO", VISANDO EQUILIBRAR SEU CARRO LOTADO E DESGOVERNADO. APÓS ESSE ESPAÇO DE TEMPO, CAMINHARÁ COM SUAS PRÓPRIAS PERNAS...**
CADA DIA QUE PASSA SEM QUE VOCÊ TOME NOVAS ATITUDES, É O MESMO QUE DESCER UM DEGRAU RUMO A UM BURACO SEM FUNDO, TORNANDO A SUBIDA CADA DIA BEM MAIS DIFÍCIL!
JÁ NÃO CABE MAIS NINGUÉM NO CARRO, E SE CONTINUAR PARANDO, OS NECESSITADOS CONTINUARÃO ENTRANDO!
FICA CLARO QUE É IMPOSSÍVEL AJUDAR A TODOS DE UMA SÓ VEZ...
SERÁ QUE NÃO DEVE CONTINUAR DIRETO A VIAGEM SEM PARAR?
DEPOIS QUE RESGATAR TODOS ESTES, PELOS OUTROS, PODERÁ VOLTAR!
Aproveite esta grande oportunidade!
Embora terá sempre a eternidade...
Todos os passageiros estão alucinados. Mas a motorista está lúcida e desta vez será responsável pelas almas que está transportando!
Ah, filhinha:
Como eu queria lhe dizer coisas lindas...
Reflita com carinho nesse apelo amigo,
pois eu já sentia que havia lhe perdido...
(Recebi esta mensagem de uma personalidade múltipla minha, no dia 19/08/2007 às 6h, e tenho a nitidez que esta estava ligada a uma existência em que fui líder religioso, traído por uma de minhas seguidoras, perseguido, preso e torturado. Como não conseguiram que eu revelasse as informações que eles queriam, fui jogado na arena e devorado pelos leões.)

MENSAGEM RECEBIDA NO PERÍODO QUE O GRUPO SOFRIA UM ATAQUE DAS TREVAS *(Membro da Equipe Espiritual de Estágio e Apoio Dr. José Lacerda de Azevedo)*

Queridos irmãos, que a Paz e a Luz do Mestre Jesus estejam com todos vocês.

Como eu gostaria de estar aqui hoje com outra tarefa... Mas esta é a que me cabe e a que me confiaram.

O que vocês já estão fazendo com o espaço que já conseguiram e que ainda está em vossas mãos?

Por que estão perdendo tempo com picuinhas, leva e traz, ou melhor dizendo, fofocas?

Mediante o grande número de necessitados, onde estão encontrando tempo para as conversas negativas prolongadas?

Meus caros irmãos... será que vocês ainda não aprenderam que nessa toada que vão, é a mesma coisa que um ímã e, no caso em questão, só estão atraindo coisas ruins?

Por um "acaso", algum dentre vocês do grupo está pensando na "Apometria"?

Estão muito ansiosos com coisas laterais e esquecendo do objetivo!

Os dirigentes espirituais que estão à frente dos grupos que estão passando por semelhantes situações não estão autorizados a abrirem as portas para os trabalhadores na condição em que vocês estão!

Todos vocês estão sendo reprovados nesse pequeno teste; que dirá em um grande teste?

Agindo assim como vocês, só atrasa um lindo trabalho que muitos dos que vos são caros esperam desesperados!

Como disse o espírito Casimiro Cunha pelas mãos de Chico Xavier:

"...Homem com pressa no bem,
Cujo passo não recua,
Não tem tempo a perder
Com o cão que ladra na rua!..."

Prestem mais atenção em vossas obras e nas obras das pessoas alvos das fofocas!

Há bem pouco tempo, a maioria de vocês estava na escuridão e estes que estão sendo apedrejados, usando essas preciosas ferramentas, vos socorreram!

E o que a maioria de vocês fez? Como eles estão sabendo utilizar as preciosas ferramentas, com certeza também saberão resolver os problemas pessoais deles! E estes, por serem pessoais, até mesmo como forma de agradecê-los, merecem certa privacidade!!! Certo sigilo! Portanto, bem que poderiam segurar mais as vossas línguas!

Como está escrito no capítulo 12 de *O Evangelho Segundo o Espiritismo*, item 14: *"...Não é certo que o sangue derramado produzirá mais barulho sobre um fato que, se for falso, deve esquecer-se por si mesmo e que, se for verdadeiro, deve se esconder no silêncio?*

Resta-lhe, portanto, a satisfação da vingança executada, nada mais. Triste satisfação que, frequentemente, já nesta vida deixa insuportáveis remorsos!!!..."

Mesmo que no momento, pessoas como vocês destruírem o nosso sonho e o sonho dos dirigentes encarnados que estão afoitos para trabalhar com estes novos procedimentos, fiquem sabendo que, onde eles estiverem, estarão amparados para continuar divulgando, pesquisando, praticando e respirando APOMETRIA e DESDOBRAMENTO MÚLTIPLO. Isso sim reduz o sofrimento e jamais o que vocês estão fazendo...

Um aviso aos NOVOS e PRINCIPALMENTE AOS ANTIGOS trabalhadores que muito foram e ainda estão sendo ajudados pelos grupos que amparamos e que estão aceitando as influenciações negativas, manifestando grandes equívocos:

Vocês estão sendo usados e manipulados pelos nossos irmãos das trevas... E exatamente como eles estão fazendo com vocês, vocês mesmos estão sendo contaminados e repetindo o processo de manipulação com os recentes trabalhadores!

É só olharem para vocês!

E, se conseguirem, verão que estão ansiosos e tomando decisões demasiadamente precipitadas! Mas tenham certeza de que arcarão muito antes que imaginam com as amargas consequências de tais atos... Muitos irmãos desencarnados e encarnados estão presos, aguardando o término da vossa batalha...
Mas até quando?
Não desconfiam que reiniciaram muito tarde a executar o compromisso de milênios?
Infelizmente o tempo é curto e tenho que ir para o trabalho que não me espera. Mas encerro com um assunto que implorei muito para ser apagado e não dito a vocês, pois outros grupos, devido aos melindres, caíram, e lembro-me que foi exatamente com esta frase:
– Todas as equipes de espíritos e de encarnados que trabalham para o AMOR e com AMOR, nunca precisaram, não precisam e nunca vão precisar de vocês. SÃO VOCÊS QUE PRECISAM DEMASIADAMENTE DESSAS EQUIPES...
Parem de gastar tempo com fofocas, tenham indulgência e partam para o trabalho! Mas antes, sejam mais humildes, aceitando as regras que são claras; juntem-se com os que compartilham das mesmas ideias, montando o vosso próprio grupo sem a insistência de impor as vossas convicções, nada mais nada menos do que enfraquecendo, quando não desmoronando os que já estão montados e que há muito vêm apresentando resultados fantásticos.
(Mensagem de um Membro da Equipe Espiritual de Estágio e Apoio Dr. José Lacerda de Azevedo, no Centro Ecumênico Ramatis de São José do Rio Preto/SP, em 06/09/2007 às 4h)

MENSAGEM DE ALERTA III
Queridos amigos! Queridos irmãos em Cristo!
Que a Paz do Mestre Jesus esteja com todos vocês.
Caros irmãos dirigentes... Que o ataque se faz presente, é evidente.
É admirável a estrutura do exército das trevas...

Felizmente ou infelizmente, poucos de vocês estão conscientes... É grande o número dos nossos irmãos desencarnados que estão batalhando contra a nossa e a vossa proposta atual... Eles estão operando com demasiado conhecimento. Tanto é, que estão focalizando apenas as vossas fraquezas.
No momento, faz-se mais do que necessário fechar os olhos e, pela fé, caminhar... Ainda que no escuro! Mas, caminhar...
As tropas desses nossos irmãos são infinitas! E já contam com mais vitórias do que derrotas... Aliás, no meio deles, quase não se vê derrotas... Tamanha a concentração na vitória...
Meus irmãos, os comandantes desse exército são magos poderosos. Seria fundamental vocês terem noção de pelo menos um terço do que está acontecendo.
O amparo e a proteção necessitam da vossa conscientização.
Aproveitem o segundo de clarão, pois é justamente no momento da vossa fraqueza que precisam usar a vossa fortaleza...
Se todos vocês pudessem ver a realidade completa do astral inferior, sentiriam medo. Mas o objetivo desse alerta não é causar medo... e sim atingir o êxito ao tentar levantar o espírito e sair do labirinto...
Marchando para frente nesses momentos, mesmo com os olhos fechados, poderão reunir os bons pensamentos, fortalecendo-os!
Embora os soldados das trevas continuem marchando obstinados, vocês poderão marchar determinados!
Lembrem o Cristo:
– SOCORRO RECÍPROCO,
MARCHANDO IRMANADOS,
ESTARÃO BEM ARMADOS...
Vejam bem:
Focalizar o ataque é a vossa brilhante estratégia... ou a vossa primeira etapa que, com certeza, sentirão medo...
A segunda etapa é justamente o contrário!

POR QUE TEMER AS CILADAS?
PELOS LOBOS ELAS SÃO ARMADAS!
SE FOREM LOBOS, PRESTEM ATENÇÃO:
OVELHAS NÃO CAIRÃO...

(Mensagem de um Membro da Equipe Espiritual do Dr. José Lacerda de Azevedo, no Centro Ecumênico Ramatis de São José do Rio Preto/SP, em 20/11/2007 às 4h30)

MENSAGEM DE AGRADECIMENTO
(Espírito que foi ajudado pelo grupo de Apometria do CENTRO ECUMÊNICO RAMATIS)

Queridos trabalhadores,

Que a Paz e a Luz do Mestre Jesus estejam em vós.

A tarefa – o compromisso que vocês assumiram – é difícil, mas é possível... E a necessidade tem sido bem maior do que a boa vontade ainda não manifestada nos trabalhadores e médiuns que estão sendo chamados e que estão demorando muito tempo para atender ao chamamento.

Hoje eu tenho noção do tempo que, alguns anos atrás, sofria em região do astral inferior e não estaria aqui passando esta mensagem, ou melhor, não estaria fazendo parte da equipe espiritual que assessora o vosso grupo, se não existisse pessoas assim como vocês, que acreditam no que estão fazendo e que não medem esforços para socorrer os necessitados, principalmente os desencarnados que custam aceitar o desencarne, carregando por muito tempo o peso da vingança executada ou não.

Hoje eu entendo, por ter vivenciado o ângulo da fixação doentia, mas com o agravante da absoluta certeza de que eu estava certo, apesar da dor, o tempo todo, puxar-me para a luz.

Ainda estaria sofrendo naquele vale escuro, se não fossem estas ferramentas sofisticadas, utilizadas por vocês, no momento do meu socorro. Momento que fui tendo mais clareza e me encontrando comigo mesmo.

Não tenho palavras para agradecer a todos vocês. Mas, do fundo do meu coração, estou agradecendo. Tanto é que, depois de muito esforço no estudo e no trabalho, consegui a oportunidade, e aproveito para externar a minha gratidão e a minha felicidade, sendo o responsável em passar essa mensagem, alegrando assim o vosso coração.

Para vocês, que estão se esforçando, visando vencer os desafios, estudando e trabalhando com amor, não pensem que não receberão o pagamento... Está sendo preparada pela espiritualidade benfeitora a vossa recompensa!

Não estou falando aqui das irradiações de força e luz que esta espiritualidade emite para todos vocês, no intuito de continuarem sempre no caminho que o Mestre Jesus traçou, mas falando de um momento especial que todos vocês terão... Um momento tão esperado e tão sonhado por cada um de vocês, que num curto espaço de tempo terão o prazer de receber e sentir.

A harmonia, a sintonia, a sincronia e mais especificamente o AMOR que vocês estão irradiando, é o que está movendo e fazendo crescer o grupo e mostrando com clareza o caminho certo a ser seguido nesta e nas próximas existências, sem jamais desanimar.

É notável que muitas vezes se sentem desamparados e sozinhos para enfrentarem e vencerem os desafios...

Mas desde quando eu me liguei a este grupo, que comecei a estudar e trabalhar, embora na dimensão espiritual, vê-se que há um outro grupo na espiritualidade, designado especificamente para ampará-los, e que vem executando com seriedade a missão deles. Não deixei de perceber que eles sempre estiveram e estão atentos, mas percebi também que ELES RESPEITAM AS VOSSAS DECISÕES.

Sem dúvida nenhuma o momento atual é delicado e, além das boas qualidades que o grupo vem demonstrando, é preciso ainda AMAR até mesmo aqueles que estão para nós, como pedras no caminho que estamos caminhando, impedindo ou dificultando a nossa caminhada.

Pois estes nossos irmãos, embora tenham a intenção de destruir o grupo, na verdade estão instruindo positivamente o grupo.

Por isso, eles também merecem o nosso AMOR.

Continuem trabalhando e sintonizando ainda mais luz, força e sabedoria, que geram a união do vosso grupo e NADA FALTARÁ.
Muita Paz e muita Luz.

*(Mensagem recebida em 09/06/2009 às 3h, de um espírito que foi ajudado pelo grupo da **APOMETRIA do CENTRO ECUMÊNICO RAMATIS** de São José do Rio Preto/SP)*

***É importante ensinar aos que querem aprender
A encontrar de fato o que adoram fazer***
(Geazi Amais)

O que é Apometria

Tudo iniciou no ano de 1965, quando num Hospital Espírita de Porto Alegre/RS um psiquista porto-riquenho, chamado LUIZ RODRIGUES, começou a aplicar nos pacientes uma técnica que ele denominava **Hipnometria** (mentalmente, desdobrava o paciente ou desejava o desdobramento, por meio de uma contagem lenta levando-o até os médicos desencarnados no plano espiritual, embora o Sr. Luiz Rodrigues não fosse espírita).

Nessa época, o Dr. JOSÉ LACERDA DE AZEVEDO, carinhosamente qualificado por seus pares de Preceptor de Medicina Espiritual, chefiava a equipe de pesquisa desse mesmo Hospital, que acabou encontrando o Sr. Luiz Rodrigues e, junto, a oportunidade de conhecer esta nova Técnica, pois quase todos os pacientes que se submetiam à Hipnometria logravam resultados avantajados.

Após assistir à primeira sessão, imediatamente testou a metodologia com dona YOLANDA, sua esposa e médium de grande sensibilidade. **Utilizando a sua criteriosa metodologia, a sua sólida formação doutrinária, a observação constante dos fenômenos, aprimorou solidamente a técnica inicial e criou o termo "Apometria", que é um composto das palavras gregas:** *apo*, **preposição que significa "além de" e** *metron*, **preposição que significa "medida", podendo assim ser**

traduzida: "desdobramento" ou "bilocação" (estar em vários lugares ao mesmo tempo) por ação da vontade e treino do operador, bastante estudado por diversos autores clássicos. **É além do que se pode medir ou além do que possamos imaginar.**
Nota: Penso que o Dr. Lacerda cunhou o termo "Apometria" por concluir que Hipnometria não se adequava à técnica, pois Hipnometria vem de Hipnose. Logo, Hipnose envolve o paciente numa espécie de sono, sendo que a técnica pode ser aplicada no paciente, permanecendo este consciente.
Apometria não é uma filosofia – não é uma doutrina – não é uma religião. Apometria é uma técnica avançada – um conjunto de procedimentos terapêuticos que faculta a possibilidade de abordar, manusear e tratar os corpos do agregado humano.
É útil em muitas correntes terapêuticas. Porém, **fundamental nas sessões da mediunidade curadora à Luz da Doutrina Espírita, codificada por Allan Kardec.**
Sua ação se faz por meio do impulso mental de um operador treinado, movido pela força da vontade.
Serve para tratar distúrbios de ordem espiritual, perispiritual, anímica e mediúnica (todos os tipos de obsessões), de forma gratuita de encarnados, principalmente.
Pode ser aplicada em qualquer criatura, não importando a sua idade, resistência ou condição de saúde, tanto física como mental.
Nos nossos trabalhos práticos de Apometria, estamos utilizando os médiuns fenomênicos para incorporar ou sintonizar e terapeutizar ou tratar, simultaneamente, tanto os espíritos obsessores, como as muitas personalidades dissociadas desarmônicas da consciência de uma pessoa. **Esse recurso chama-se Desdobramento Múltiplo, um aprofundamento da Apometria!**

DESDOBRAMENTO MÚLTIPLO
Conjunto de procedimentos terapêuticos destinado ao tratamento simultâneo das personalidades dissociadas de uma pessoa ou de um grupo de pessoas em processo de simbiose

(auto-obsessão, obsessão compartilhada entre encarnados e distúrbios comportamentais e psíquicos em geral).

É praticado por pelo menos três duplas de pessoas de forma gratuita.

Com o Desdobramento Múltiplo e a sensibilidade de uma pessoa, fica perfeitamente possível acessar os registros e as particularidades desse agregado (perispírito ou o conjunto dos corpos sutis), onde se ocultam as raízes das desarmonias.

A Apometria é constituída de 13 Leis e a primeira delas é a que se baseia a Apometria:

Primeira Lei: **LEI DO DESDOBRAMENTO ESPIRITUAL** – Lei Básica da Apometria

Enunciado:

Toda vez que, em situação experimental ou normal, dermos uma ordem de comando a qualquer criatura humana, visando à separação de seu corpo espiritual – corpo astral – de seu corpo físico, e, ao mesmo tempo, projetarmos sobre ela pulsos energéticos através de uma contagem lenta, dar-se-á o desdobramento completo dessa criatura, conservando ela sua consciência.

Técnica:

O desdobramento e manuseio de energias é realizado por meio da vontade, orientada pelo conhecimento que comanda as forças mentais com auxílio de "pulsos vibracionais".

A técnica é simples. Deve-se comandar contando em voz alta os números (um – dois – três... quantos forem necessários). De um modo geral, bastam sete – ou de um a sete e, a cada número, emitem-se impulsos ou pulsos energéticos (estalando os dedos).

Leis da Apometria e para que Servem

1 - Lei do Desdobramento Espiritual
Serve para:
a) Desdobrar os corpos sutis de encarnados em níveis e os níveis em subníveis, acessando os conteúdos destes, facilitando o processo da leitura, por meio da faculdade psicométrica, somada à visão mental, visando à identificação, à compreensão e ao tratamento das causas dos distúrbios apresentados e encaminhamento de partes dos conteúdos desses corpos sutis (P.M.) para complementação de tratamento no plano espiritual.

Nota: Antes de aplicar esta Lei, deve-se colocar o paciente ou o médium deitado, pois foi observado recentemente que, quando ocorre o desdobramento dos corpos sutis em níveis e dos níveis em subníveis, o paciente fica desacordado.

Fica claro que o paciente conserva a consciência quando está ocorrendo apenas o desdobramento das personalidades. Aliás, é o que ocorre no nosso sistema de trabalho.

Muitas vezes, quando o paciente vem para ser atendido, nota-se que as personalidades dele já se encontram em desdobramento desarmônico.

2 - Lei do Acoplamento Físico
Serve para:
a) Reverter o desdobramento – reacoplar ou realinhar os corpos sutis de pessoas que estão com seus corpos, níveis e subníveis mais afrouxados ou mais afastados um do outro desarmonicamente, devido à falta de exercício na mediunidade, evitando-se a ocorrência de possível indisposição de qualquer natureza, ainda que passageira, tais como tontura, mal-estar e sensação de vazio, que pode perdurar por algum tempo.

3 - Lei da Ação a Distância, pelo Espírito Desdobrado
Serve para:
a) Obter informações de ambientes físicos e espirituais distantes ou sobre a ação de espíritos obsedando encarnados;
b) Localizar e examinar pacientes a distância ou mesmo atuar auxiliando espíritos socorristas ou socorrendo necessitados;
c) Em caso de ressonância com o passado, pode-se levar o paciente a reviver e rever traumas não resolvidos, dando-lhes um melhor significado, direcionamento e solução. Aliás, essa é uma das técnicas de cura que utilizamos na TVP (terapia de vida passada);
d) Dar condições aos médiuns trabalhadores atuarem com suas subpersonalidades e personalidades múltiplas positivas, a distância em vários planos vibratórios com ações diferenciadas e simultâneas.

4 - Lei da Formação dos Campos de Forças
Serve para:
a) Criar barreiras ou campos de proteção visando à proteção dos ambientes de trabalho, à delimitação de Áreas espaciais, etc.

5 - Lei da Revitalização dos Médiuns
Serve para:
a) Canalizar ou transferir energia vital para médiuns que sofrem desvitalização no trabalho mediúnico.

6 - Lei da Condução do Espírito Desdobrado, de Paciente Encarnado, para os Planos Mais Altos, em Hospitais do Astral
Serve para:
a) Após o atendimento, conduzir os conteúdos dos corpos sutis (personalidades múltiplas) que foram atendidos, para hospitais do astral benfeitor.

7 - Lei da Ação dos Desencarnados Socorristas Sobre Pacientes Desdobrados
Serve para:
a) Espíritos socorristas agirem com muito mais facilidade sobre enfermos encarnados desdobrados, pois que uns e outros, desta forma, se encontram na mesma dimensão espacial.

8 - Lei de Ajustamento de Sintonia Vibratória dos Espíritos Desencarnados com o Médium ou com Outros Espíritos Desencarnados, ou de Ajustamento da Sintonia Destes Com o Ambiente para Onde, Momentaneamente, Forem Enviados
Serve para:
A Lei fala por si mesma.

9 - Lei do Deslocamento de Um Espírito no Espaço e no Tempo
Serve para:
a) Fazer o desencarnado como também P.M. e S.P. do encarnado regredir e rever ou reviver eventos passados.

10 - Lei da Dissociação do Espaço-Tempo
Serve para:
a) Lançar o espírito ou P.M. e S.P. do encarnado em progressão no tempo e no espaço.

11 - Lei da Ação Telúrica sobre os Espíritos Desencarnados que Evitam a Reencarnação
Serve para:
a) Fazer com que o desencarnado e/ou P.M. do encarnado refratário às Leis Superiores perceba seu estado de degeneração, conscientizando-os da necessidade da reencarnação.

12 - Lei do Choque do Tempo
Serve para:
a) Mostrar que um espírito e/ou P.M. de um encarnado projetado no passado fica sujeito a uma carga de energia desagregadora e que, se desligado nesse estado, levará um choque que o deixará inconsciente.

13 - Lei da Influência dos Espíritos Desencarnados em Sofrimento, Vivendo Ainda no Passado, sobre o Presente dos Doentes Obsedados
Serve para:
a) Eliminar a pressão psicológica e sintomas, quando exercida sobre os enfermos a eles sintonizados, por meio do socorro desses espíritos.

Nota: Creio que no ano de 1965 já ocorria a dissociação dos corpos sutis em níveis e dos níveis em subníveis, pois se o Dr. Lacerda estivesse encarnado, com certeza, estaria provando cientificamente e documentando por meio dos livros esse aprofundamento na Apometria que todos os fatos indicam que seja o Desdobramento Múltiplo. Tarefa essa que ficou incumbida para nós outros, que estamos encarnados, e que vem sendo muito bem executada por J. S.Godinho, e que este vem também aproveitando a oportunidade dos Mestres, a cooperação e a intuição dos nossos amigos e companheiros espirituais. Sendo assim, fica claríssimo que neste momento o Dr. Lacerda também está abençoando as Leis do Desdobramento Múltiplo, que enriquecem, complementam e realçam o brilho da Apometria.

***Se queres mesmo a decepção evitar,
Dê o presente apenas a quem aceitar***
(Geazi Amais)

As Leis das Personalidades Múltiplas e das Subpersonalidades

(Este material foi apresentado por J. S. Godinho em suas palestras e cedido gentilmente para ser publicado neste livro.)

Primeira Lei das Personalidades Múltiplas: Lei da Formação e *Dissociação das Personalidades* Múltiplas e Subpersonalidades.

(Essa lei, como as demais, deve ser melhor estudada, pesquisada e desenvolvida, pois encerra potencial que nem imaginamos)

Essa Lei é dividida em duas partes:
Lei da Formação e Dissociação das Personalidades Múltiplas Sucessivas vividas em outras existências;
Lei da Dissociação da Personalidade Física (atual) em Subpersonalidades.

Primeira Lei das Personalidades Múltiplas (parte a)

Lei da Formação e Dissociação das Personalidades Múltiplas e Sucessivas vividas em outras existências.

Enunciado: Ao reencarnar para nova experiência evolutiva, o espírito necessita formar, além de um novo corpo físico, uma nova personalidade. Essa sobrevive à morte do corpo físico e, pela sua consistência e hábitos adquiridos durante a existência carnal, desenvolve um certo grau de individualismo, podendo demorar-se nessa condição por tempo indeterminado após a morte física, influenciando futuras personalidades, até que compreenda sua situação diante do seu próprio agregado espiritual com o qual deve cooperar. Depois de "despersonalizar-se" totalmente é que aceitará integrar-se à Individualidade Eterna, ao "Eu Superior", e reacoplar-se por completo.

As personalidades sucessivas também podem se desdobrar em subpersonalidades com conteúdos e comportamentos específicos e distintos.

Primeira Lei das Personalidades Múltiplas (parte b)

Lei da Dissociação da Personalidade Física (atual) em Subpersonalidades.

Enunciado: Toda vez que a Personalidade Física conflitar-se, viciar-se ou entrar em desarmonia, reprimir o conflito, o vício ou a desarmonia sem solucioná-los adequadamente, poderá reagir negativamente, proporcionando o desdobramento da personalidade em subpersonalidades de periculosidade e sofisticação variada, podendo causar a desestabilização da saúde por gerar distúrbios e reações patológicas altamente lesivas e prejudiciais no campo psíquico, psicológico, comportamental e físico.

Segunda Lei das Personalidades Múltiplas: Lei da reintegração das Personalidades Múltiplas e Subpersonalidades.

Enunciado: As subpersonalidades e personalidades múltiplas dissociadas ou associadas desarmonicamente devem, após doutrinadas ou tratadas, ser encaminhadas para complementação de tratamento em instituições do astral ou reintegradas ou acopladas ao seu próprio agregado consciencial, com o qual devem cooperar, despersonalizando-se totalmente e integrando-se à Individualidade Eterna.

Terceira Lei das Personalidades Múltiplas: Lei das Propriedades do Elementos do "Agregado Humano".

(Essa Lei deve ser a última deste ciclo de conhecimento. É extremamente complexa e ampla. Traz grandes revelações e vai transcorrer muito tempo até que ela seja totalmente compreendida e aproveitada em toda a sua potencialidade.)

Enunciado: O espírito enquanto na carne, manifestando uma nova personalidade, pode arrojar de si mesmo não só personalidades antigas reativadas, como também subpersonalidades desdobradas da atual personalidade física.

Esses elementos, "personalidades múltiplas" e "subpersonalidades", têm um grau elevado de livre-arbítrio, capacidade de ação e interação com o meio físico, anímico e espiritual onde atuem, com possibilidade de interagir com os habitantes de qualquer um desses meios, podendo causar-lhes dificuldades ou auxiliar, conforme a intenção que tenham ou a natureza da força mental que as arrojou. Da mesma forma, em sentido inverso, personalidades múltiplas ou subpersonalidades desequilibradas, próprias ou de outros indivíduos, podem estabelecer sintonias ou simbioses e permanecer conectadas a nós, gerando desarmonias e perturbações de diversas ordens (inconsciente coletivo).

Utilidade: O conhecimento dessa Lei faculta-nos a possibilidade da descoberta, do despertar e do desenvolvimento de inúmeras potencialidades ainda adormecidas no homem atual. Faculta-nos, ainda, a identificação e o tratamento terapêutico de praticamente todas as desarmonias e distúrbios relacionados com a reencarnação, formação dos corpos, comportamento humano e doenças de origem anímica.

Nota: Percebe-se que o assunto é complexo e, com isso, não devemos nem estacionar nem querer achar as definições para tudo em tão pouco tempo.

Exemplificando:

Este livro visa registrar as nossas simples experiências, mostrando as grandes possibilidades reais de trabalhar com qualquer tipo de obsessão, assim como também, trabalhar com as personalidades físicas, subpersonalidades e personalidades múltiplas dissociadas com excelentes resultados.

Estamos sendo privilegiados e em breve teremos grandes revelações da espiritualidade, por meio dos esforços de todos os que estão cooperando com a divulgação, pesquisa e prática da Apometria e do Desdobramento Múltiplo.

***Tarefa difícil é dominar a ira...
Mas, com uma prece, a ira irá.
Recurso este com incrível precisão,
Pois o tempo se responsabilizará
E mostrar-se-á quem está com razão***
(Geazi Amais)

Sistema Lacerda – Sistema Godinho

O sistema terapêutico desenvolvido pelo Dr. José Lacerda de Azevedo difere do de J. S. Godinho (Desdobramento Múltiplo).

A terapêutica das Personalidades Múltiplas faculta uma maior compreensão das causas dos problemas, uma maior clareza dos elementos em terapia e uma maior amplitude de recursos e possibilidades a serem utilizadas. Trata não só os corpos sutis em desarmonia como também os elementos inteligentes dissociados da consciência (personalidades múltiplas e subpersonalidades).

MENSAGEM DO DR. LACERDA
(Esta mensagem foi apresentada por J. S. Godinho e cedida gentilmente para ser publicada neste livro.)
Palavras de J. S. Godinho:
– Amigos! Paz e Luz!
Em razão de dúvidas acerca do desdobramento múltiplo de corpos e dissociação das personalidades resultantes desses, e das discussões travadas nas listas apométricas, eu havia solicitado, mentalmente, ao ilustre codificador da Apometria, Dr. Lacerda, que se manifestasse sobre o tema, esclarecendo-o.

Após alguns dias, eis que, inesperadamente, em 20 de novembro de 2004, o ilustre Dr. Lacerda concedeu a almejada resposta, por meio de psicografia mecânica efetuada pela médium Odacira Nunes, nas dependências do Grupo Espírita Ramatís, em atendimento na mesa apométrica, na presença dos demais médiuns da equipe: Nelba Silva Oliveira, Lurdes Dantas, Tereza Tonon, Adriana Dias, Lucilene Moraes, Ivone Rocha, Claudia Chapeton, Karin Radlof, Maristela Saldanha, Magda Silva Oliveira, Chester Chapeton, Douglas Falcão, Luiz Carlos Silveira e J. S. Godinho.

Segue abaixo a referida mensagem:
– Irmão meu,
Como estás? Pedias-me uma resposta, estes dias, quando te encontravas em frente àquela maravilhosa máquina (aqui temos algumas similares, com funções específicas e espetaculares!).

Estou admirado com o progresso que fizestes em tuas pesquisas. Eu, por cá, também fiz novas descobertas. Estás no caminho certo. Se queres uma "dica", como diria nos pampas, continua com os estudos sobre os "desdobramentos múltiplos" e suas leis. Há ainda muitas descobertas a serem feitas.

Desculpa ter vindo nesta hora inusitada, mas não podia deixar de atender a um pedido teu.

Ajuda-me daí, que tento (mesmo diante da minha ignorância) te ajudar daqui.

Dos pampas verdes daí vem a grama florida. Dos lindos campos de cá vêm as energias coloridas.

Utilize-as com fé em Deus e a alegria da tarefa cumprida.
Até breve!
Seu amigo,
Lacerda.

O perigo é maior quando, caminhando em largas passadas, surpreender-se com obstáculos
(Geazi Amais)

Raízes de Algumas Desarmonias

Distúrbios do comportamento (TOC):
No Desdobramento Múltiplo, temos detectado, de uma forma mais específica, que as raízes dos distúrbios do comportamento estão nas personalidades físicas, subpersonalidades e personalidades múltiplas. Essas últimas, muitas ainda estão fixas em outras existências, manifestando angústia, agressividade, vingança, ironia, vícios, confusões, maldades, soberbas, orgulho, ignorância, arrogância e tantos outros "monstros" atuando hoje, por um motivo ou outro contra a proposta encarnatória.

Não integram a personalidade física por não aceitarem a atual existência ou mesmo por nem saberem que estão reencarnadas.

Distúrbios do sono:
Geralmente a pessoa traz a mediunidade socorrista e não está colocando-a em atividade. Com isso, quando dorme, desdobra e, desdobrando, tem uma visão ampla e percebe, sente e vê a multidão de espíritos implorando desesperadamente socorro e/ou cobrando dívidas do passado, no que a pessoa, automaticamente, volta para o físico fugindo da responsabilidade.

Algumas vezes ocorre também de a pessoa que sofre de insônia, quando dorme, acabar desdobrando e, inconsciente ou conscientemente, voltar a liderar equipes do astral inferior que liderava enquanto estava entre uma existência e outra; embora esteja encarnado, continua ocupando o posto que ora não lhe pertença mais. Em outras palavras, nesses desdobramentos noturnos, dificulta muito os espíritos do astral inferior que estão disputando esses tais postos. Logo, são escalados trabalhadores do astral inferior para fazerem turnos no quarto do encarnado, visando à insônia, pois se não dormir, não vai desdobrar e não vai causar dificuldades para eles.

Nota: Segundo informações que nos trazem a espiritualidade benfeitora, esses nossos irmãos, de fato, ocupavam postos de elevada hierarquia no astral inferior. Sendo a reencarnação uma Lei Divina e que, quando chega a hora, ocorre mesmo a reencarnação (em último caso, a reencarnação compulsória), esses irmãos, já por muito tempo, deixam substitutos em seus postos enquanto estão reencarnados e, ao desencarnar, voltam a ocupar os postos.

Acontece que, embora por muito tempo eles viessem fazendo esses rodízios, desta vez está ocorrendo algo diferente, pois esses nossos irmãos encarnados não contavam com os procedimentos que seriam utilizados pelos espíritos superiores no período do exílio planetário! Eles achavam que, ao desencarnar, iriam novamente liderar os exércitos do astral inferior. Ocorre que um dos procedimentos que vem sendo utilizado pela espiritualidade benfeitora é o que já está ocorrendo no desencarne desses nossos irmãos. Eles estão sendo atraídos ou sugados sem condições de reação, para um local de espera. Uma base. Literalmente uma estação, à espera do "trem" ou "veículo" chegar, para conduzi-los aos mundos que lhes estão se afinando. Por isso o desespero desses nossos irmãos. Querem interromper a existência na Terra, mas se interromper serão sugados. Se não interromper e não mudarem suas atitudes, serão da mesma forma sugados para essa estação, aguardando o exílio.

Sabe-se que poucos aproveitarão a oportunidade de regenerar-se e que, se fosse hoje a finalização do processo de transição planetária, apenas dez por cento da humanidade continuariam reencarnando na Terra.

Essa grande preocupação deles, sem dúvida nenhuma, é também um dos motivos de sofrerem distúrbios do sono.

Distúrbios psíquicos:
Nesses casos, ocorre também de existir implantes astralinos em determinadas regiões dos corpos sutis e/ou chacras, taxando dia e noite a criatura de incompetente ou sugestionando-a ao suicídio, provocando dores e muitas outras negatividades. Esses implantes são energizados pela vibração da própria pessoa, quando esta sente dores, manifestando irritabilidade.

Como essas obsessões e/ou auto-obsessões "eletrônicas" são quase que imperceptíveis, até mesmo para os videntes, é bem natural o paciente chegar até nós para ser atendido alegando:

"Poxa! Já passei por mais de 50 centros espíritas, submeti-me aos trabalhos desobsessivos tradicionais de todos eles, foram muito bem encaminhados os obsessores, trabalhado a auto-obsessão, mas continuo ainda ouvindo vozes que me sugestionam ao suicídio. Embora estou seguindo as recomendações espirituais, ainda continuo sentindo dores, eu sei que sou capaz, mas me sinto totalmente incapaz, vejo quadros negativos que (segundo meu psicólogo) **não existem – são minhas alucinações... Ah... tudo continua dando errado...".**

Claro! Os trabalhadores encarnados da mesa desobsessiva não fizeram o trabalho completo!

Os grupos que não estudam sobre a obsessão eletrônica não vão mesmo detectar os tais aparelhos desorganizadores!

Bem que os espíritos benfeitores até que tentam mostrar para alguns médiuns esses implantes astralinos... Mas quando o médium relata para o dirigente ou doutrinador o que foi detectado, muitas vezes esses dirigentes, quando não têm uma mente aberta, acabam colocando o médium em tratamento. Infelizmente é assim que ainda ocorre.

Fazem a desobsessão, encaminham as presenças espirituais muito bem encaminhadas, mas, como não estudam esse aspecto da obsessão e não acreditam na intuição, logo, não retiram ou não desintegram os aparelhos implantados pelas presenças desencarnadas ou pelas presenças encarnadas desdobradas ou implantados pelas personalidades múltiplas e/ou subpersonalidade do próprio paciente que estão contra a proposta encarnatória dele mesmo (auto-obsessão)!

Desconhecem desse assunto tão comum nos dias de hoje!

Até os "não espíritas", que, de certa forma, estudam o aspecto científico da Doutrina, sabem muito bem dos "tais" aparelhos desorganizadores! Não precisa ir muito longe!

Esse tema é material fundamental nas aulas de acupuntura!

Quando chegam até nós, casos semelhantes a este (e tem chegado muitos), inexistindo a obsessão e/ou a auto-obsessão, mas sim os implantes ou aparelhos desorganizadores ainda causando transtornos de natureza obsessiva, em questão de segundos são desintegrados estes, com a projeção mental de cores prata na forma de jatos, a projeção deve ser comandada em voz alta (um – dois – três... estalando os dedos) ou retirando-os por meio da técnica da dialimetria, **e quando o paciente não tem a mediunidade curadora a ser trabalhada, fica curado.**

Muitas vezes a pessoa tem uma desarmonia interna e nem se dá conta disso. Porém, quando encontra do lado de fora uma desarmonia semelhante (que é comum no dia a dia), pode, com esse encontro, acordar memórias do passado e manifestar comportamentos atuais das personalidades físicas, subpersonalidades e/ou personalidades múltiplas. Comportamentos estes de revolta e inconformismo.

Nota: Quando se está lidando com o psiquismo ou a fisiologia da alma, **seria fundamental estudar no mínimo as obras básicas da codificação Kardequiana e as obras dos espíritos:**

a) André Luiz;
b) Emmanuel;
c) Manoel Philomeno de Miranda;
d) Joana d'Angelis;
e) Ramatís;
f) Ângelo Inácio.

Vícios em geral e dependências químicas:
Quase sempre a pessoa viciada, além de sustentar os vícios dela, também sustenta os vícios dos espíritos que estão por perto e, futuramente, também sustentarão o custo das doenças que esses espíritos terão quando reencarnarem como filhos e/ou parentes próximos nesta ou em existências futuras.

Essas partes viciadas, quando estão sintonizadas com o médium, sempre costumam dizer que o amor cobre multidão de erros ou pecados, mas em contrapartida são orientados pelos doutrinadores, que estão certos disso! Futuramente, terão que cuidar de seus filhos doentes com muito amor!

Geralmente, torna-se difícil deixar os vícios, quando não se submete ao tratamento de Apometria e Desdobramento Múltiplo. Pois aí, sim, vão sendo doutrinadas essas personalidades múltiplas que muitas vezes estão presas – fixas em existências em que a pessoa era viciada, tinha paixões exacerbadas, perversões sexuais, praticava crimes, etc. Muitos até que conseguem domar esses impulsos negativos. Porém, quando dorme, desdobra, sendo atraído para os lugares em que as personalidades múltiplas estão apegadas, amanhecendo com sintomas desagradáveis, como:
– Dores na região do estômago;
– Dores na cabeça;
– Cansaço físico e mental;
– Dentre outros.

Dificuldades profissionais:
Ocorre de a pessoa querer trabalhar, mas não querer responsabilidade.

Ex.: Fui bancário (digitador) durante 17 anos e tenho formação também em TVP (Terapia de Vidas Passadas). Porém nunca tive coragem de abandonar o serviço da digitação e assumir a TVP. Com isso, penso que a espiritualidade ou personalidades múltiplas minhas, com um pouco mais de conhecimento, deram um empurrãozinho fazendo com que eu fosse dispensado do emprego e tomasse uma decisão.

Mesmo depois, na nova profissão (TVP), dei-me conta de que ainda fazia "autoboicotes"; sabe como?

Bom... no dia exato que o cliente havia marcado para se terapeutizar comigo, eu, inconscientemente, me desdobrava e doutrinava o cliente para não vir. O que acontecia? O cliente não vinha e eu, "inconscientemente" (de novo), agradecia a Deus por ele não ter vindo! Estranho, não?

Lembro-me que, quando uma companheira (médium fenomênica – ostensiva) me disse que eu estava boicotando, quase fiquei bravo...

Submeti-me a um atendimento Apométrico com o Desdobramento Múltiplo com o intuito de incorporar as minhas personalidades autoras dos "boicotes" e doutriná-las. Qual foi minha surpresa?

Um dos médiuns incorporou um espírito benfeitor dizendo que o diagnóstico estava certo, mas que eu não estava tomando a providência certa. Disse bem resumidamente que eu devia empregar a ferramenta do meu trabalho profissional em mim mesmo. Ou melhor dizendo: que eu devia me submeter a algumas sessões de terapia regressiva, visando resgatar algumas memórias fixas no passado.

Segui a recomendação, trabalhando na Terapia de Vidas Passadas e, dentre os quadros que foram trabalhados, não poderia deixar de escrever estes principais que, de certa forma, geravam na existência atual os "boicotes":

• Quadros de existência que fui escravo e, com isso, trazia as marcas no meu inconsciente de que escravo não é ninguém... não tem valor... não consegue nada... nada merece...;

- Quadros de existência que tive conhecimento e prejudicava as pessoas para me beneficiar;
- Quadros de existência que tive muita responsabilidade, mas fracassei.

Digeri estas informações, apliquei os métodos da autossugestão e pronto! Como num passe de "mágica", meus pacientes não mais faltavam às sessões marcadas.

Ainda hoje, quando sinto que estou me "boicotando", vou logo de frente ao espelho e converso comigo mesmo:
– Poxa, Geazi, você não é um idiota!
Por que está se autoboicotando?
Não é porque ele (paciente) é um Juiz de Direito que tem de sobrepor a terapia e passar a receita para ele mesmo!
Você é o terapeuta!
Ele (paciente) especializou-se em direitos e você, em Terapia de Vidas Passadas!

Se ainda assim não for adequado, procuro utilizar as ferramentas que uso nas pessoas que me procuram, tanto a Apometria e o Desdobramento Múltiplo como a Terapia de Vidas Passadas!

Chega de ouvir e não aprender com aquele antigo ditado: "Casa de ferreiro o espeto é de pau..."
(Mais uma grande lição que eu aprendia.)

Dificuldades intelectuais:
Sabemos que não somos o corpo físico, e que o espírito que somos é ligado por cordões fluídicos com nossos corpos sutis, chacras e personalidades.

Cada chacra é formado de sete camadas e cada uma delas está relacionada a um nível de um corpo sutil.

Muitas vezes a raiz desse problema seria a ruptura ou a obstrução nesses cordões, gerando até mais desarmonias em algum departamento do corpo psicofísico, como fadiga, cansaço sem justificativa, não conseguir entender muitas coisas dos livros que se lê, ter dificuldades em prestar atenção, dentre outras.

Dificuldades no relacionamento com a família:
Frequentemente, no Desdobramento Múltiplo, detecta-se que o pai e o filho hoje, no passado eram inimigos mortais, sendo que um tirou a vida do outro e, muitas vezes, a causa dessas inimizades era a disputa pela moça que hoje é a mãe. Aquele, que no passado tirou a vida, na atual existência conseguiu a oportunidade de dar a vida, resgatando o débito.

Recentemente, chegou um casal até nós relatando que o relacionamento conjugal estava complicado, devido ao ciúme doentio que o filho de 14 anos sentia da mãe, com qualquer pessoa, inclusive da mãe com o pai, e a dificuldade no relacionamento entre pai e filho, tamanha era a raiva acumulada que o filho sentia do pai, sem uma justificativa aparente. Disse o casal que o filho sempre se deu bem melhor com a mãe, mantendo certa distância do pai, mas que dos 13 para os 14 anos esses sentimentos haviam intensificado muito.

Ao estabelecer a sintonia dos médiuns com as possíveis causas dos sintomas vivenciados pela família, visto que o pai e o filho de hoje ainda vivenciavam um duelo em existência passada. Os dois disputavam a mesma moça, que é a mãe atual.

A pessoa que hoje é o pai naquela época passada venceu o duelo, matando assim a pessoa que hoje é o filho.

Acontece que, naquela época, a moça (mãe atual) não gostou nada de quem venceu o duelo, mas teve de "aturar" – aceitar o vencedor do duelo como marido, no que não aceitou nada, vindo mais tarde, naquela mesma existência, a envenená-lo.

Deficiências físicas e mentais:
Uma das principais causas da deficiência física e mental é a da pessoa lesar o perispírito por meio dos vícios, que seria um suicídio indireto, não esquecendo também o suicídio direto.

Outra causa principal é a **autopunição**, visto que Deus não erra, não é punitivo nem vingativo e que o que Ele fez foi uma **Lei educativa** em que previu tudo!

As mensagens que recebemos dos espíritos é que, no momento, a maioria das pessoas está sofrendo porque quer

– escolheu sofrer. Vêm os espíritos nos dizer que o sofrimento é devido ao fato de a pessoa que sofre estar demorando muito tempo para sair dos quadros de autopunição e autocondenação! Entende-se que não necessitamos mais do sofrimento.
Vamos dar um exemplo:
Uma pessoa cometeu um ato impensado: **o suicídio.** Acordou no astral inferior e, depois que **sofreu a consequência, arrependeu e aprendeu que não devia ter se suicidado.**
As pergunta para o leitor é:
Uma vez que aqui na Terra estão chegando em nossas mãos tantos recursos avançados, como a Apometria e o Desdobramento Múltiplo, **seria necessário este espírito renascer com deficiências físicas e/ou mentais?**
Se o apóstolo Paulo disse que o bem cobre multidão de erros, não poderia ele trocar horas de sofrimento por horas de trabalho no bem?

Autismo:
Quase sempre são espíritos que há muito tempo foram exilados de outros Planetas para a Terra e até hoje estão trabalhado a "não aceitação" de sua estadia por aqui, manifestando muita raiva dos terráqueos. São portadores de muito conhecimento, porém, notamos que estão ausentes deles a sabedoria, o que os levam a tentar "burlar" a Lei da Reencarnação. Mas, como estamos no auge da transição planetária, a misericórdia Divina deu mais uma ("última") oportunidade, reencarnando-os compulsoriamente e, quando reencarnam, permanecem algumas personalidades múltiplas deles, desdobradas desarmonicamente, vivendo literalmente uma vida paralela, como que se ainda estivessem desencarnados, cabendo a nós (trabalhadores da última hora) utilizar os recursos da Apometria e do Desdobramento Múltiplo, mais especificamente, aplicando nessas personalidades múltiplas rebeladas de "E.Ts" a Décima Primeira Lei da Apometria (Lei da Ação Telúrica sobre os espíritos desencarnados que evitam a reencarnação), com a doutrinação lógica (colocando as cartas na mesa), dizendo sem mais delongas que,

se não cooperarem, em breve será repetido o processo doloroso do exílio planetário, quando eles bem que poderiam cooperar e voltar para a casa – planeta deles.

Espiritopatias:
"Encosto" de espíritos necessitados que nem mesmo sabem que estão desencarnados e que estão causando dores no ser encarnado.

Muitas vezes, em lares que não se pratica semanalmente o DEFA (diálogo do Evangelho em família), além dos adultos receberem as energias negativas dos espíritos necessitados, é **frequente as crianças também terem febres, inflamações e infecções na garganta.** É comum o adulto não ver os espíritos necessitados perambulando pela casa; no entanto, é comum a criança ver essas presenças espirituais muitas vezes até deformadas e ainda falar para os pais. Mas, infelizmente, estes, em vez de entrarem na frequência da criança, acabam levando-a o mais rápido possível para o psicólogo – psiquiatra – e, se este tiver uma noção das possíveis causas espirituais, será ótimo. Mas se não tiver nenhuma experiência – ou não estudou o aspecto científico do Espiritismo, com certeza concluirá que o quadro é de alucinação.

Nota: Exemplo simples de como entrar na frequência da criança:

"Que estranho, 'né' filho (a)!?

O pai (ou a mãe) também está vendo este alguém que você está vendo!

Sinto que este irmãozinho está sofrendo muito!

Deve ter sido alguém que não seguiu as recomendações de Jesus!

Que tal se agora fizéssemos uma prece pedindo para o Papai que está no Céu ajudar este ser que está precisando muito de ajuda?

Pronto".

Nem precisa relatar aqui o que ocorre após a prece, principalmente quando a prece for feita de modo que o coração fale mais do que as palavras. Se perguntar para a criança se continua vendo aquela presença, a criança vai dizer que veio alguém de branco e levou o irmãozinho e que, até mesmo durante a prece, o irmãozinho foi voltando a forma de gente e muitas outras coisas boas.

É evidente que, se todos nós fizéssemos o que se deve fazer, com certeza, conscientemente, ajudaríamos tanto a nós mesmos como aos espíritos necessitados que muitas vezes "encostam" em nós, sem saberem que estão nos fazendo mal!

Por meio da Lei de Afinidade estão nos obsediando passivamente (não sabem que estão nos obsediando) e recebendo até certo alívio para as suas dores.

Nesse caso, para que o leitor saiba como "fazer o que se deve fazer", aqui vai uma dica:

Quando a pessoa começar a sentir um mal-estar, seja ele qual for (psíquico e/ou físico), **primeiro, antes de lamentar, antes de tomar remédios por conta própria ou até mesmo antes de procurar um profissional capacitado, deve elevar o pensamento por meio da prece e, com vibrações amorosas, projetar mentalmente cores violeta luminosa na forma de ondas** (esta cor tem um alto poder dissociativo e transmutador), **e mesmo que a pessoa não for médium fenomênico e não tiver a vidência educada, deve supor que ali esteja um espírito necessitado e envolver esse espírito com as vibrações amorosas na cor violeta, desejando que sejam diluídas as energias-formas-pensamentos-negativas, desejando também regenerar ou refazer os órgãos lesados do espírito. Após isso, deve visualizar esse infeliz sendo encaminhado para um hospital do astral benfeitor, visando à continuidade do tratamento espiritual.**

Nota: Se mesmo seguindo essas recomendações citadas acima, após poucos minutos, o problema continuar, **sem dúvida nenhuma se deve procurar um profissional capacitado.**

Simbiose:
Ocorre quando duas pessoas encarnadas, desencarnadas ou uma pessoa encarnada e outra desencarnada, têm relacionamentos com ligações muito fortes. Por mais que esses relacionamentos pareçam harmoniosos, costumam gerar muitas desarmonias, controles e ciúmes.

A simbiose sempre é extremamente prejudicial, por ela consumir uma grande quantidade de energias vitais e mentais da pessoa, desvitalizando-a e abrindo o campo para doenças, além de gerar nervosismo, irritação e desconforto.

J. S. Godinho, para ilustrar, conta o exemplo daquela mãe que tem um filhinho de 49 anos e que fica preocupadíssima quando ele vai viajar, pois ele pode esquecer a blusa e pegar um resfriado...

Câimbras nas pernas à noite:
Personalidades múltiplas, sendo que muitas ainda estão petrificadas ou enraizadas no Astral Inferior. Isso mesmo! Petrificadas e enraizadas!

Formam raízes e ficam plantadas lá, ocasionando durante a noite movimentos ansiosos, tentando inutilmente se libertar.

Talvez estejam enraizadas e/ou petrificadas pela Misericórdia Divina, com o objetivo de evitar que continuem descendo às profundezas das furnas umbralescas.

Lembrando que tudo isso não é nenhuma novidade, pois há mais de 700 anos já estavam sendo registrados esses quadros no livro *A Divina Comédia* pelo seu autor, Dante Alighieri.*

Nota: Visto que o espírito não regride (apenas a forma perispiritual se degrada), então, objetivando evitar mais ainda a descida no poço que não tem fundo, partes (conteúdos) do perispírito (Personalidades Múltiplas contra a proposta reencarnatória) são enraizadas ou petrificadas no Astral Inferior.

---

* N.E.: Sugerimos a leitura de *Dante, O Grande Iniciado*, de Robert Bonnell, Madras Editora.

No livro *Libertação*, psicografado por Francisco Cândido Xavier, pelo espírito André Luiz, diz o seguinte: "*... Sabes, assim, que o vaso perispirístico é também transformável e perecível...*"

Tensão permanente na região da nuca e dores na coluna: Geralmente, pessoas possuidoras desses sintomas têm sempre personalidades múltiplas a serem resgatadas das faixas inferiores do Astral, que também estão enraizadas ou petrificadas.

Muitos foram algozes ou vítimas nas sentenças, nas épocas em que degolavam, enforcavam ou foram degolados e enforcados.

Nota: Para facilitar ao leitor vamos dizer que:

Corpo Sutil: É um recipiente ou um disquete com seus conteúdos que são os níveis, subníveis, memórias, personalidades físicas, subpersonalidades e personalidades múltiplas;

Nível e subnível: São partes do corpo sutil;

Memória: É estática. Semelhante às informações escritas em um papel.

Personalidade física, subpersonalidade e personalidade múltipla: É dinâmica (comportamento). Semelhante a um filme com imagens em movimentos.

A primeira e a segunda são atuais. Estão no presente (aqui e agora). Vêm do consciente. Já a terceira é antiga e muitas delas estão presas – fixas – ligadas no passado. Vem do inconsciente.

Toda personalidade física, subpersonalidade e personalidade múltipla têm uma memória e tanto uma como as outras, reagem conforme a interpretação que tiver da leitura dessa memória.

Exemplo:

Um pai abandona uma família, com um filho recém-nascido, deixando a mãe desempregada e sem condições financeiras.

Passam-se os meses, o filho não vê mais o pai e começa a passar fome com a mãe. Essa situação ficará gravada na memória das personalidades do menino assim:

– Minha mãe é ruim. Ela me deixa com fome e não me dá comida. Ela me faz sofrer muito.

Esse menino possivelmente terá dificuldades no relacionamento com a mãe e, enquanto não descobre e não terapeutiza a causa ou as raízes dessa dificuldade, vão se aumentando as discussões chegando até nas agressões físicas e muito mais. De alguma forma essa memória está adormecida no inconsciente, porém pulsa para o consciente fazendo as subpersonalidades, personalidades físicas, ou melhor, dizendo: fazendo a ponta física reagir de acordo com o que ficou gravado na memória das personalidades do jovem enquanto ainda era um bebê. Neste caso, nem seria preciso procurar um Centro Espírita para um atendimento espiritual, até porque a fila é extensa. O ideal seria procurar um profissional capacitado visando trazer à tona o que está dentro – dinamizar os núcleos do inconsciente, o que pode ser feito por meio de uma TVP (Terapia de Vidas Passadas) que, além de acessar e trazer à tona o que está dentro, é perfeitamente possível ressignificar. Em outras palavras, esse ressignificar é o mesmo que apagar o que ficou escrito na memória das personalidades do menino, pois não era a realidade e, em seguida, reescrever a realidade! Que seu pai o abandonou, etc., etc., etc.

***Desdobramento Múltiplo e Apometria,
Deve-se estudar um pouco todo dia***
(Geazi Amais)

O que Mais se Pode Tratar com Apometria e Desdobramento Múltiplo

– Reconfiguração do Corpo Astral;
– Atrofia;
– Depressão;
– Esquizofrenia;
– Fobias;
– Hiperatividade;
– Mudez;
– Medos;
– Neuroses;
– Polaridade Invertida;
– Paralisias;
– Pânico;
– Retardo Mental;
– Simbiose;
– Surdez;
– Distúrbios Espirituais (Obsessões diversas);
– Reconfiguração do Corpo Astral;
– Entre outros.

Nota: Vejamos que tudo é possível para aquele que crê. Esses infortúnios citados são apenas os que mais trabalhamos no nosso grupo e, muitas vezes, com resultados fantásticos. **Logo, seria ingenuidade, ignorância ou fuga do encarnado que diz:**
– Esse é o meu "carma". Terei que "aguentar" até o final dessa minha atual existência. Para quem tem este hábito negativo, fique sabendo desde já que o carma é igual a consequência e que, se por meio do carma tiver uma ação positiva, terá uma consequência positiva e vice-versa! Ou melhor: o carma é uma lei de "superamento". Jamais seria uma lei de "aguentamento"! Se a pessoa não superar o "tal" carma, na próxima existência terá o mesmo carma. Pensar que tem de "aguentar" por toda a existência é totalmente errado ou comodismo, pois a maioria dos que apenas aguentam, acabam sendo geradores de dores, mágoas, raiva e consequentemente o desejo de punição, descendo ainda mais ladeira abaixo sem fundo e depositando o lixo ou as encrencas no inconsciente, nada mais, nada menos do que a repressão.

***Enquanto estás em atividade assistencial, tarefa ou missão,
Evite estacionar pelo fato de faltar apreço e reconhecimento...
Ainda que deseje ouvir o som do "muito obrigado" pela ação,
Saiba que tudo é registrado e jamais apagado pelo tempo***
(Geazi Amais)

Outros Recursos Terapêuticos

Segundo as informações que nos trazem o **IIPP (Instituto Internacional de Pesquisas Psíquicas)**, mais especificamente em uma das palestras de J. S. Godinho, além da **Apometria e do Desdobramento múltiplo**, temos outros dois recursos adequados ao tratamento de distúrbios de ordem Espiritual, Anímica, Mental, Física e Comportamental que são a **TVP** (Terapia de Vida Passada) e a **CAPTAÇÃO PSÍQUICA**.

A **TVP** é um conjunto de procedimentos psicoterápicos destinados aos tratamentos dos distúrbios do psiquismo, distúrbios comportamentais, distúrbios físicos e dificuldades em geral, empregados por um terapeuta em consultório profissional.

A **CAPTAÇÃO PSÍQUICA** é um procedimento terapêutico praticado por um terapêuta e um sensitivo, visando acessar, explorar, esclarecer e tratar aspectos obscuros, resistentes ao processo evolutivo ou aos projetos de vida das pessoas em tratamento psicoterápico (personalidades inconscientes, ignorantes, apegadas em crenças, memórias ou hábitos ultrapassados), empregados em consultórios terapêuticos profissionais.

Nota: No nosso consultório de TVP antes mesmo de ser divulgada a Captação Psíquica, em alguns casos, pedíamos a permissão do paciente e utilizávamos um sensitivo para sintonizar com o psiquismo do paciente, visando terapeutizá-lo indiretamente.

***Se queres mesmo a decepção evitar,
Dê o presente apenas a quem aceitar***
(Geazi Amais)

Análise da Obsessão

Este material é uma das aulas do C.R.E.P. (Curso de Recomposição do Equilíbrio Psicofísico), citado no agradecimento deste livro, curso este elaborado pelo prof. Rodrigues Ferreira, aplicado na Associação Espírita "A CAMINHO DA LUZ", como também em diversos Centros Espíritas da região de São José do Rio Preto/SP e que nos foi gentilmente cedido por seu autor para esta publicação.

CONCEITOS

Allan Kardec, em *O Livro dos Médiuns* – "...Domínio que alguns espíritos podem adquirir sobre certas pessoas."

Manoel P. Miranda, em *Nos Bastidores da Obsessão* – "...A obsessão, sob qualquer modalidade que se apresente, é enfermidade de longo curso, exigindo terapia especializada, de segura aplicação e de resultados que não se fazem sentir apressadamente."

Suely Caldas Schubert, em *Obsessão-Desobsessão* – "...É a cobrança que bate às portas da alma. É um processo bilateral. Faz-se presente porque existe, de um lado, o cobrador, sequioso de vingança, sentindo-se ferido e injustiçado e, de outro, o devedor trazendo impressas no seu perispírito as matizes da culpa, do remorso ou do ódio que não se extinguiu."

CLASSIFICAÇÃO

(Vamos seguir a classificação proposta pelo Dr. Indoval Moreli Heiderick, médico-chefe do grupamento de Perícia da Santa Casa de Vitória/ES, diretor mediúnico do Grupo Fraternidade Irmã Scheilla e presidente da AME-ES.) Considerando-se as diversas faces que envolvem os mecanismos da obsessão, apresentamos, sob o ponto de vista didático, a presente classificação, visando à melhor compreensão do processo obsessivo.

QUANTO À FORMA DE AÇÃO

ATIVA: Ocorre quando o ser espiritual que faz a obsessão tem consciência do que executa e, assim, o faz em função de objetivos específicos.

PASSIVA: Acontece quando o obsessor não tem consciência do que faz, agindo pelas leis de afinidades dos fluidos.

QUANTO À LOCALIZAÇÃO

FÍSICA: É o caso em que o obsessor age manipulando e inoculando fluidos tóxicos no perispírito que repercutem no corpo físico e promovem o adoecimento dos órgãos.

PSÍQUICA: Neste caso, o obsessor atua na manipulação e inoculação de fluidos tóxicos no psiquismo, especificamente naquilo que entendemos como atributo do espírito, tais como pensamento, atenção, concentração, percepção, etc. Quando ocorre a influência, perturbando a transmissão do pensamento, fica alterada a comunicação entre o agente e o instrumento.

QUANTO À INTENSIDADE

SIMPLES: Esse processo se dá em função da manipulação de fluidos de pouca densidade, apresentando-se como pequenas intoxicações que levam ao corpo físico e ao mental sinais e sintonias de pouca intensidade. "...Verifica-se quando um espírito malfazejo se impõe a um médium que, entretanto, está consciente das manobras e dissimulações do espírito, o que, certamente, o incomoda, mas não o perturba a ponto de provocar desarranjos mentais..." (Kardec).

FASCINAÇÃO: Aqui, a manipulação e a interpolação de fluidos se dá no pensamento. "... É uma ilusão produzida pela ação direta do espírito sobre o pensamento do médium e que paralisa, de alguma forma, seu julgamento com respeito às comunicações. O médium fascinado não se crê enganado. Nesse caso, participam espíritos ardilosos, muito inteligentes, que usam de todos os recursos para envolver suas vítimas. Ninguém está livre desse tipo de obsessão..." (Kardec).

SUBJUGAÇÃO: Processo bastante grave que envolve o domínio completo do pensamento e da vontade do ser. "... É uma opressão que paralisa a vontade daquele que a sofre e o faz agir a seu malgrado. Numa palavra, a pessoa está sob um verdadeiro jugo" (Kardec). A subjugação pode ser moral ou corporal. No primeiro caso, o ser é obrigado a tomar decisões frequentemente absurdas e comprometedoras. No caso da subjugação corporal, o indivíduo é constrangido a praticar os atos mais ridículos possíveis, apesar de ter consciência do que faz, faz contra a sua vontade. Há, nesse tipo de obsessão, manipulação e interposição de fluidos muito densos em que o ser apresenta alterações das funções mentais pela ação intencional de outra mente, em que a razão declina, a vontade enfraquece, os sentimentos se deterioram e os hábitos mudam.

QUANTO AO TIPO

AUTO-OBSESSÃO: Neste caso, o ser é responsável por todos os sinais e sintomas que apresenta, julgando ser ele o mentor intelectual de seus equívocos passados e presentes. Quando começa a tomar consciência dos fatos, exercita-se em culpas que geram cobranças que acabam produzindo pensamentos fixados em alguma coisa. A consequência é o desinteresse pela vida, com baixa vibração do campo eletromagnético. Na evolução pior surgem as doenças nervosas e mentais.

HETERO-OBSESSÃO: Caracteriza-se pela influência de espíritos encarnados ou desencarnados junto a outros seres que também podem estar em condições iguais. O processo pode ser ativo ou passivo, com ação direta no corpo físico ou mental e sua intensidade pode variar de leve e moderada a grave, dependendo do merecimento do ser envolvido. Pode apresentar-se em quatro situações:

a) Obsessão Entre Encarnados – Muito comum principalmente nos relacionamentos familiares, porque o lar é o ambiente mais favorável aos resgates e reajustes. São exemplos vivos: as esposas dominadoras, as mães neuróticas, maridos desajustados, filhos rebeldes, etc. O ambiente mental que surge, carregado de raivas, ódios, ciúmes, invejas e violências produz grandes desequilíbrios entre os seres que se bombardeiam mutuamente pelos pensamentos.

b) Obsessão de Encarnado para Desencarnado – Este caso é mais comum do que se imagina. Os espíritos desencarnados partem para o além deixando aqui muitos parentes e amigos com os quais estavam envolvidos por vícios e paixões. Embora desejem traçar novos rumos fazendo necessárias mudanças de comportamento e de conduta, são constantemente atraídos por pensamentos e atos dos encarnados invigilantes, imantados em seu campo eletromagnético.

c) Obsessão de Desencarnado para Encarnado – É o caso mais típico entre os processos obsessivos. O espírito agressor, por vingança ou afetos mal conduzidos, prende-se à alma trazendo-lhe grandes desarmonias mentais e/ou físicas.

d) Obsessão Entre Desencarnados – Do mesmo modo que na Terra, no mundo espiritual os seres se ligam em função das afinidades, desejos e paixões, estabelecendo-se, assim, atrozes dominações e escravizações com pesadas amarguras para todos.

CONCLUSÃO

Algumas das informações que a espiritualidade nos trouxe é que são cinco os motivos que levam o obsessor a fazer a obsessão:

* vingança;
* maldade;
* inveja;
* necessidade e
* apego.

E que toda obsessão se implanta no homem por meio da brecha, isto é, de alguma falha nossa. Numa teoria geral, as brechas mais comuns são:
*vícios;
*paixões exacerbadas;
*perversões sexuais;
*crimes;
*ganância;
*apegos excessivos a pessoas ou objetos, etc.

E numa teoria mais específica seriam:
*cabeça e mãos desocupadas;
*palavra irreverente;
*boca maledicente;
*conversa fútil prolongada;
*atitude hipócrita;
*gesto impaciente;
*inclinação pessimista;
*conduta agressiva;
*comodismo exagerado;
*carência de solidariedade;
*ideia de que os outros são ingratos e maus;
*pretensão de que o nosso trabalho é excessivo;
*desejo muito intenso de apreço e reconhecimento;
*impulso de exigir mais dos outros do que de nós mesmos;
*fuga para os vícios e/ou prazeres mundanos, etc.

***Quando estiveres à beira de cair na tentação,
Significa que estás precisando é de fortaleza...
Desfocaliza-te buscando o reforço na oração;
Pois na prece encontrarás força com certeza***
(Geazi Amais)

Roteiro para o Trabalho Prático

Considerações

A nossa intenção não é a de padronizar os trabalhos com Apometria e Desdobramento Múltiplo, mas sim compartilhar com todos a experiência do nosso trabalho que tem sido simples, mas que tem rendido resultados fantásticos.

Sendo assim, segue abaixo o modelo da nossa ficha de atendimento:

CENTRO ECUMÊNICO RAMATIS
(Ficha de Atendimento)
Nome:_____ Idade: _____
Endereço:_____
Bairro:_____ Cidade: _____
Profissão:_____ Religião: _____Estado Civil: _____
Nome do Cônjuge:_____ Idade: _____
Nome, idade e grau de parentesco dos demais que moram no mesmo endereço:
_____
_____
_____

Quais foram as principais dificuldades que fizeram com que você viesse a ser atendido na Apometria?

1ª _____
2ª _____
3ª _____
4ª _____
5ª _____
6ª _____
7ª _____

Escolha três dificuldades que você gostaria especificamente que fosse trabalhada hoje.

1ª _____
2ª _____
3ª _____

AGENDADO PARA O DIA: _____ / _____ / _____ **ÀS** _____ _____ **H. Dia da Semana:** _____
TRAZER ESTA FICHA PREENCHIDA NO DIA QUE FOI AGENDADO
SE FOR POSSÍVEL, trazer um quilo de alimento não perecível e uma contribuição de 5,00 (cinco reais)
Rua Albuquerque Pessoa, 85 – Vila Aurora – São José do Rio Preto/SP. Fones: (17) 9131-7224 – (17) 3016-1986 – (11) 6622-3317. E-mail: nucleoespiritaramatis@hotmail.com
Site: www.centroecumenicoramatis.com.br

Abertura dos Trabalhos
Vamos dar início aos trabalhos de hoje, ativando mentalmente o campo vibracional amoroso na forma de uma pirâmide, envolvendo-a com uma esfera na cor violeta como proteção, sintonizando o Amparo da Bondade Divina, desejando mais

Luz, Força e Sabedoria, para que possamos tocar o nosso trabalho, de forma harmoniosa e tranquila.

Neste momento, imaginamos como que se fôssemos as pessoas que irão passar pela Apometria e pelo Desdobramento Múltiplo, fazendo a elas o que gostaríamos que fizessem conosco, utilizando estes novos procedimentos, reduzindo assim o sofrimento e a obsessão.

Confiamos que estamos amparados pelo Mestre Jesus e, em nome Dele, a cobertura das Instituições do mundo maior.

Vamos desfocalizando dos nossos problemas pessoais, pois estes com certeza também serão trabalhados e vibrarão com mais intensidade à vontade, no esforço de merecermos durante o trabalho as vibrações amorosas de Maria de Nazaré, a orientação de nossos mentores e a cooperação dos nossos amigos e companheiros de trabalho do mundo espiritual.

Vamos dar as mãos (mão direita com a palma voltada para baixo e mão esquerda com a palma voltada para cima) e vibrar dos nossos corações, o sentimento do amor, da paz e da fraternidade, fazendo o bem sem olhar a quem, ideoplastizando a figura completa de Jesus com o olhar amoroso e misericordioso abençoando este trabalho e fazendo a prece que Ele nos ensinou. Pai nosso...

Procedimentos para atendimento

1) Pedir para a pessoa sentar a um metro de distância da mesa, de preferência, do lado do dirigente (se for trabalho em círculo, colocar a pessoa sentada no centro do círculo).

2) Leitura ao "acaso" de um trecho do *Evangelho Segundo o Espiritismo* (sempre sinaliza a causa e a solução do problema).

3) Ler a ficha do cliente com dados completos e a relação dos sintomas a serem tratados.

4) Estabelecer a sintonia dos médiuns com as possíveis causas geradoras dos distúrbios vivenciados pelo paciente, por meio da força mental do dirigente, auxiliada por pulsos vibracionais.

5) Rastrear (projetar ondas na cor branco-cintilante, para facilitar a investigação ou para revelar as forças ocultas) e verificar a possível existência de:
   a) Obsessores encarnados e desencarnados;
   b) Personalidades múltiplas e/ou subpersonalidades trabalhando contra a atual proposta encarnatória, que ainda estão ligadas aos vícios, paixões exacerbadas, perversões sexuais, crimes, ganância, apegos excessivos a pessoas ou a objetos, entre outros);
   c) Simbiose com outros espíritos ou com familiares encarnados;
   d) Polaridades invertidas (homossexualidade);
   e) Bloqueios ou rupturas nos cordões de ligação entre níveis, chacras, personalidades múltiplas e subpersonalidades;
   f) Linhas de desarmonia ou rebeldia;
   g) Trabalhos de magia.

6) Após o atendimento, fechar a frequência do atendido (pronunciar a frase "fechando a frequência" e contar de um até quantos números o dirigente achar necessário, estalando os dedos), passar a ficha do resultado contendo o resumo do que foi trabalhado com o capítulo do Evangelho que foi lido e as recomendações espirituais.

Ficha do resultado
Nome:_____ ____/____/____
Aberto *O Evangelho Segundo o Espiritismo* no Cap.:_____
Retorno?____ No Dia ____/____/_____(_____),
trazendo esta ficha. No retorno foi aberto e lido um trecho de *O Evangelho Segundo o Espiritismo* no Cap.: _____

GLOSSÁRIO

P.F. (Personalidade física – influencia grosseiramente o corpo físico positivamente e/ou negativamente);
P.M. (Personalidade múltipla – vem do inconsciente – fixa ou ligada em existências passadas positivas ou negativas);

S.P. (Subpersonalidade – vem do consciente – ligada na existência atual, podendo estar harmônica ou desarmônica); Obs.: **P.M.** e **S.P.** influenciam vigorosamente, tanto no positivo como no negativo a **P.F.** que, embora sutilmente, acabam ditando comportamentos atuais; e quando a influência for negativa, fazem surgir sintomas, doenças, desarmonias e impulsos negativos de toda ordem.
P.G.D. (Pombagira desorientada – que ainda manifesta sexualidade exacerbada – divertindo-se nos vales do sexo);
P.I. (Polaridade Invertida – quando o paciente traz **P.F.** e/ou **S.P.** e/ou **P.M.** do sexo oposto);
I.A. (Implante astralino – aparelho desorganizador – chip – obsessão eletrônica);
M.O.F. (Micro-organizador floral);
T.C.E. (Trabalhado, conscientizado e encaminhado);
T.C.R. (Trabalhado, conscientizado e reacoplado).

RECOMENDAÇÕES ESPIRITUAIS: Na **Apometria** e no **Desdobramento Múltiplo**, ao ser trabalhado tanto **P.F** – **S.P.** – **P.M.**, apenas as **P.Ms** poderão ficar em hospitais do astral benfeitor para tratamento, normalmente **de um a dez dias**. Após isso, estas retornam para o reacoplamento (que é feito pela espiritualidade <u>sem a necessidade de retorno do paciente</u> para este reacoplamento) e há necessidade de mais aproximadamente **dez dias** para readaptar-se ou harmonizar-se com a proposta reencarnatória. Nesse período é natural sentir certas pioras seguidas de certas melhoras.

<u>**ESTA É A RECEITA ESPIRITUAL E ESTÃO ASSINALADAS COM UM "X" AS SUAS MEDICAÇÕES:**</u>
1 – (x) Assistir palestras e fazer uso do Passe;
2 – C.R.C. (Caminho de Renovação Contínua) nas segundas-feiras às 20h por _____ dias;
3 – (x) Correção de hábitos inferiores;
4 – (x) Pensamento e leitura de cunho elevado;
5 – (x) D.E.F.A. (diálogo do Evangelho em família uma vez por semana com dia e hora marcada);

6 – ( ) **Hélio-cromoterapia** (deve fazer uso dessa água, como: matar a sede, fazer comida, suco, etc.) **na cor** _____ **por** _____ **dias, colocando à noite, meio copo dessa água do lado da cama** (não colocar no chão) **e tomar pela manhã, em jejum;**
7 – ( ) **Repetir a orientação número 6; porém, na cor** _____ **por** _____ **dias;**
8 – ( ) **Fazer rotações com um incenso por cômodo de** _____ **por** _____ **dias no ambiente interno da casa** (menos no banheiro) **sempre no mesmo horário com portas e janelas abertas.**
9 – ( ) **Repetir a orientação número 8; porém, com incenso de** _____ **por mais** _____ **dias.**
10 – (x) **Durante o tempo em que você estiver seguindo as orientações assinaladas com um "x", deve se programar, escolhendo** _____**dias da semana** (sem interromper) **para se deitar e se possível dormir antes da 1h** (da manhã)**, com roupas claras, comidas leves e bebidas não alcoólicas, pois os espíritos benfeitores estarão complementando ou concluindo o tratamento.**

ATENÇÃO: O tratamento que está sendo feito com você **prossegue na dimensão espiritual por aproximadamente 20 dias.** Se após este espaço de tempo, **mesmo você seguindo as orientações espirituais**, sentir que precisa de mais um atendimento, **venha neste local na primeira quarta-feira do mês, às 19h30 para agendar o seu retorno.**

TUDO ISSO SOMADO À FORÇA, EFICIÊNCIA, PROFUNDIDADE E RECURSOS QUE A APOMETRIA E O DESDOBRAMENTO MÚLTIPLO OFERECEM, COM CERTEZA OBTEREMOS ÓTIMOS RESULTADOS.

NÚCLEO RAMATIS
Fones: (17) 9131-7224 – 3016-1986 – (11) 6622-3317
E-mail: <u>nucleoespiritaramatis@hotmail.com</u>

Site: www.centroecumenicoramatis.com.br
Escrever um resumo do que foi trabalhado: _____

_____
_____
_____
_____
_____
_____
_____
_____
_____
_____
_____
_____
_____
_____
_____
_____

Nota:
Quando se vai a um médico, depois de se submeter a exames, o paciente recebe a receita e, sem questionar, faz de tudo para obter ou comprar os remédios que às vezes são caríssimos.

O paciente, na maioria das vezes, faz tudo o que pode e até o que não pode para o mais rápido possível entrar com a medicação, visando se libertar do desconforto.

Aqui não é diferente!

Para o alívio da sua dor ou até mesmo para a sua cura, é mais do que necessário o seu empenho em fazer sua reforma íntima, fazendo uso dos "antibióticos espirituais", pelo custo do seu esforço e da sua boa vontade.

Se você, mesmo seguindo as recomendações espirituais, sentir que precisa de um RETORNO no tratamento Apométrico e Desdobramento Múltiplo, é necessário vir na PRIMEIRA QUARTA-FEIRA DO MÊS, às 19h30 para agendar-se.

Para as pessoas que necessitam do tratamento Apométrico e Desdobramento Múltiplo e sendo a primeira vez, é necessário vir na PRIMEIRA SEXTA-FEIRA DO MÊS, às 19h30 para agendar-se.

Tanto para os que vão passar pela primeira vez, como para os retornos, SE MORAM FORA DA REGIÃO DE SÃO JOSÉ DO RIO PRETO, poderão entrar em contato pelos telefones (horário comercial) e/ou e-mails para agendar-se.

Nota: Para estes procedimentos são necessários médiuns devotados ao bem, elevado nível ético dos participantes, imprescindível harmonia entre os componentes do grupo, higiene mental, isenção de vícios grosseiros, responsabilidade, compromisso, amor fraterno e outras qualidades.

Encerramento dos trabalhos

Vamos encerrar os trabalhos de hoje, agradecendo a Bondade Divina, pela oportunidade concedida, vibrando para que novas oportunidades nos sejam dadas.

Agradecemos ao Mestre Jesus o amparo que nos deu, e em nome Dele a cobertura das Instituições do mundo maior que ampararam e continuam amparando nossas tarefas.

Agradecemos as vibrações amorosas de Maria de Nazaré, o amparo e a orientação dos amigos e companheiros de trabalho do mundo espiritual.

Vamos dar as mãos (mão direita com a palma voltada para baixo e mão esquerda com a palma voltada para cima) e vibrar nos nossos corações o sentimento do amor, da paz e da fraternidade, envolvendo todos aqueles que ainda possam estar ligados a nós por qualquer motivo, por meio da prece que o Mestre Jesus nos ensinou. Pai nosso...

Nota: Nos finais dos nossos trabalhos, reservamos sempre 15 minutos para abrirmos a frequência do astral inferior e socorremos uma grande quantidade de espíritos aflitos, angustiados, subjugados, como também muitas personalidades múltiplas.

***É possível amparar os que carregam na alma a dor,
Com um gesto meigo e suaves palavras de amor***
(Geazi Amais)

Técnicas para Tratamento

As mais variadas, além das que o Dr. Lacerda deixou, já foram desenvolvidas e adaptadas centenas de outras como:

1) Utilização de cromoterapia mental:

A cromoterapia mental é uma das técnicas mais utilizadas no nosso grupo. Projetamos as cores na forma de ondas e/ou raios, por serem mais abrangentes e, na maioria dos quadros, terem a duração de 4 a 7 segundos com cada cor, conscientizando também o médium da cor que está sendo projetada, para que este ajude o orientador – dialogador – doutrinador na projeção.

Quanto à tonalidade das cores, utilizamos muito a intuição e, na dúvida, projetamos desde a mais suave até a mais intensa. Já a sequência das cores que mais utilizamos é:

a) **Verde-brilhante**, higienizando, esterilizando, anestesiando, desbloqueando principalmente os corpos sutis de encarnados, mas também projetando nos desencarnados;

b) **Branco-cintilante**, revelando as forças ocultas;

c) **Amarelo-limão**, dissolvendo a energia que está impregnada nos corpos sutis, níveis e subníveis do encarnado, pois muitas vezes estão promovendo a desarmonia.

Ao projetar essa cor, tentar perceber ou tentar fazer com que o médium perceba qual a cor que está sendo dissolvida; pois a experiência tem nos mostrado que quase sempre **a cor**

que está sendo dissolvida pode estar sinalizando partes das causas como por exemplo:
A cor preta – sinaliza autocondenação;
A cor cinza – sinaliza tristeza;
A cor castanha – sinaliza mágoa e frustração antiga;
A cor vermelha – sinaliza raiva;
d) Violeta-luminoso, transmutando os residuais negativos que ainda possam estar impregnado no ambiente, regenerando e/ou refazendo partes dos corpos sutis, níveis e subníveis de encarnados e desencarnados.
Nota: Após utilizar a cor **amarelo-limão**, utilizamos a cor **violeta-luminoso** para refazer as possíveis áreas lesadas desses corpos sutis;
e) **Azul**, harmonizando – tonificando – finalizando o trabalho feito.
Nota: Após utilizar a cor **amarelo-limão**, utilizamos a cor **violeta-luminoso** para refazer as possíveis áreas lesadas desses corpos sutis e para o espírito encarnado ou desencarnado portador de câncer e usuário de droga, álcool ou cigarro, antes mesmo de ser aplicada a cromoterapia mental na cor verde, deve-se projetar a cor **prata**, desintoxicando-o e drenando os residuais que o vício provoca.

2) Doutrinação convencional:
O orientador ou doutrinador experiente não fica insistindo nessa técnica por muito tempo, principalmente quando percebe que o obsessor, seja ele encarnado ou desencarnado, está totalmente equivocado, fixo numa vingança ou se achando uma vítima inocente. Esses quadros mostram claramente que o obsessor já está cansado de ouvir que deve perdoar, amar o inimigo, etc., etc., etc., sem entender ou não querer entender. Em poucos minutos (de um três minutos) o dialogador conclui a necessidade de empregar outras técnicas para só depois voltar com a doutrinação convencional que é a meta ou o objetivo.

3) Hipnose:
De grande utilidade para aqueles que querem deixar o vício. Após a sintonia das Personalidades múltiplas e/ou subpersonalidades e/ou personalidades físicas viciadas, por meio da doutrinação, implanta-se a seguinte frase: Toda vez que você pensar em beber (qualquer vício), vai sentir-se muito mal... mal... muito mal... (dizer com segurança e, se preciso, com uma contagem, pulsando energia estalando os dedos).

4) Regressão de memória:
Muito usada nos trabalhos, visando fazer com que aquele passado escuro ilumine o momento atual ou fazer com que o ser sintonizado no médium, encarnado ou desencarnado, acesse a raiz ou a causa do problema.
Falando assim, até parece um "feijão com arroz"... Mas é simples!
Escrevo aqui como nós aplicamos esta técnica:
Quando noto que o encarnado ou o espírito sintonizado no médium está custando a deixar aquela situação de vítima, peço para o médium congelar a "tal" situação (deixando o quadro estático) e, por meio de uma contagem regressiva (ex.: de cinco a zero), desejo intensamente que esse recuo possa levá-lo a sintonizar uma época em que não foi "flor que se cheire".

5) Inversão de *spins* ou ondas (*spin*, em inglês – *turn to*; em francês – *faire tourner*; em italiano – *far girare*; em alemão – *sich drehen*; em espanhol – *hacer girar*; em português – girar em torno).
No livro *Espírito/Matéria* (5.ed. – 1999 – p. 100), o Dr. José Lacerda de Azevedo, com dificuldades para enfrentar um mago negro, relata o seguinte:
"...Mas voltemos àquela manhã de 1984, quando aprendemos um modo ainda mais objetivo de lidar com eles.
O mago sorri diante de nós, transbordante de confiança. Resiste a tudo. Comandamos um campo-de-força, para paralisá-lo. Outro. Outro, mais forte. Mas nada o limita, nada

o aprisiona. Parecendo adivinhar nosso propósito, ele antecipa um gesto e desvia nossas projeções magnéticas.
Estamos nessa dificuldade quando vovó Joaquina (espírito extraordinário em sabedoria e amor, que se apresenta na "roupagem" de preta velha) incorpora em uma das médiuns e diz, com jeito de quem deseja auxiliar:
– Meu zinfio, tu sabe o que é *spin*?
Ficamos sem entender direito. Ela fala de "espinho", é provável. Mas que espinho? E por quê?
Nem nos passa pela cabeça que vovó esteja se referindo ao número quântico *spin*. Mas ela repete a pergunta bem calmamente:
– Tu não estudou isso?
Admirados, começamos a entender. Respondemos que sim, que conhecemos perfeitamente o que é *spin*.
– Pois então dá uma zinfersão no *spin* dele, que aí tu vai vê o que vai acuntecê! – diz vovó, ao mesmo tempo que espalma a mão direita, em projeção magnética na direção do mago.
Começamos a contagem, comandando a formação de intenso campo magnético que provoque modificação no momento angular dos *spin* do corpo astral do mago, defasando-os em 45°. Terminada a contagem no número sete, o efeito é instantâneo. O mago negro leva tal choque que se desmonta como um bloco, caindo em completa inconsciência. Disso se aproveita vovó Joaquina que, alegremente, trata de conduzi-lo para local de recuperação em sua cidade astral (quase junto à crosta planetária, acima do Rio Grande do Sul)...".
O fato citado acima é útil para nos mostrar que o médium, leigo na Física Quântica,[*] ao receber a mensagem, já possuía a certeza de que o Dr. Lacerda era capaz de entendê-la. Esse texto também nos faz entender que inverter *spin* (inversão do momento angular dos *spins* do corpo astral do mago) significa inverter a direção da rotação dos átomos do corpo astral do mago,

---

[*] N.E.: Sugerimos a leitura do livro *Evolução Elegante – A Expansão da Consciência,* de David Lapierre e Peggy Phoenix Dubro, Madras Editora.

iniciando pela determinação do momento angular (partícula), passando a girar em sentido contrário (onda).

Concluímos então que a inversão de *spin*, orientada e praticada por vovó Joaquina, primeiro se faz para parar o movimento (determinação do momento angular – partícula) e em seguida inverter sua direção, quando novamente o elétron gira em forma de onda. Por isso, o nome de "inversão de onda" para facilitar o entendimento.

Lembremos que o próprio Dr. Lacerda diz que ordenou a formação de poderoso campo magnético capaz de determinar o momento angular e inverter a rotação. Não devemos esquecer também que a própria vovó Joaquina dirigiu a manobra. Aliás, é o que André Luiz e vários outros espíritos orientam que, com amor e conhecimento, podemos fornecer energia, que será utilizada pela espiritualidade benfeitora, para ideoplastizar nas regiões do astral inferior, desde campos vibracionais amorosos na forma de pirâmides, esferas, jardins, postos de socorros, etc.

Mas o que seria a inversão de *spin*?

Segundo o prof. João Argon Preto de Oliveira (Material apresentado no IV Encontro de Apometria em Lages/SC), temos duas hipóteses para explicar a inversão de *spin*:

1 – A primeira, como fez o Dr. Lacerda, modificando o momento angular do *spin*, fazendo com que seu vetor, que é paralelo ao vetor do *spin* do núcleo, se incline em relação ao plano de órbita do elétron, e, consequentemente, em relação à direção do vetor do núcleo. Consequências: mudança do momento angular ou cinético do elétron, afetando todo o equilíbrio da substância da matéria, por seu efeito sobre o campo magnético do elétron. Resultado: emissão de energia magnética não modulada com dois efeitos: nas entidades espirituais, perda de energia e, portanto, de força de atuação; nas estruturas moldadas, como bases ou aparelhos, dissociação de seus componentes por perda da energia de coesão, ocorrendo desprendimento de "faíscas" e jatos fotônicos, já observados por médiuns videntes que acompanhavam a operação.

2 – A segunda, pela inversão do sentido da rotação dos *spins*, da metade dos elétrons, fazendo-os ter o mesmo sentido, e, logicamente, do vetor que expressa a sua energia cinética e magnética do átomo. As consequências são similares às relatadas na primeira hipótese, já que todos os vetores passam a ter um só sentido com efeitos devastadores no campo magnético do átomo, da matéria quintessenciada do Plano Espiritual, como magnificamente Demócrito descreveu: "A alma consiste em átomos sutis, lisos e redondos como os do fogo". Poderíamos interpretar a inversão de *spin* como sendo uma força capaz de desestruturar as partículas fundamentais, promovendo um colapso e consequente desmaterialização das partículas, ficando a entidade espiritual sem meios de se manifestar.

6) Energia das estrelas;

7) Energia solar;

8) Recursos e forças da natureza tais como:

a) Elementais da terra (gnomos);

b) Elementais da água (ondinas);

c) Elementais do ar (silfos);

d) Elementais do fogo (salamandras).

9) Energia telúrica;

10) Despolarização de memória;

11) Micro-organizadores florais;

12) Cirurgias astrais;

13) Transmutação e manipulação de energias como:
a) Aglutinação;
b) Condensação;
c) Dispersão.

Não é fácil tocar uma sessão de duas ou quatro horas sem utilizar esta técnica algumas vezes durante a sessão. O dirigente da sessão deve estar atento e empregar esta técnica, principalmente quando notar cansaço entre os médiuns e/ou conversas paralelas.

14) Recomposição da configuração espiritual;

15) Utilização de campos de força para proteção, etc.

Nota: Na Índia, na China e no Egito, complementam os elementais com:

a) Elementares da terra (duendes);
b) Elementares da água (sereia);
c) Elementares do ar (fadas/hamadríades).

> ***É justamente no momento da nossa fraqueza
> Que necessitamos usar a nossa fortaleza***
> (Geazi Amais)

Casos Atendidos no Centro Ecumênico Ramatis

Indignação
Votuporanga, 7 de agosto de 2004.

Caro dirigente responsável de grupos espíritas que faz a sessão da mediunidade fenomênica, visando à desobsessão:

Peço um momento da sua atenção para o fato que considero mais importante nesta existência, que é investirmos em nossa própria evolução espiritual, auxiliando na medida do possível nossos irmãos a superarem dores psíquicas/físicas/espirituais, enfim, a evoluírem.

Por intermédio de minha mãe, fui encaminhado a uma técnica usada com mediunidade, chamada Apometria.

Fui à mesa mediúnica sem ideia do que aconteceria, por desconhecer o que era essa técnica. Então, pude entender porque determinadas situações me ocorriam. Por exemplo:

Havia uma parte de minha personalidade boicotando a vida, fazendo-me ficar em constante inércia diante dos deveres e do lazer também.

Com a Apometria foi verificada uma personalidade múltipla minha, impulsionada pelo corpo mental superior, revoltada por ter reencarnado neste Planeta e que há muito tempo me prejudicava. Então os médiuns trabalharam para mostrar a essa personalidade o erro cometido, o que ocorreria se não mudasse. A personalidade múltipla aceitou ajuda (ainda bem!).

Tenho 21 anos e só agora começo a notar sensíveis melhoras no meu modo de pensar e agir. Ainda estou longe do que quero ser, mas já me dei por satisfeito e crente no poder de resultados da Apometria, e olha que só fui duas vezes. Sou desconfiado com novidades e só acredito ao conhecer e ver resultado. Surpreendeu-me a eficácia da Apometria!

Digo tudo isso, após conhecer o Gê (Geazi Amais) na mesa apométrica e ter conversado sobre o porquê desta técnica ser tão pouco conhecida e a cidade onde estudo (São Carlos) não ter um grupo de Apometria.

Foi quando ele me disse que poucos centros espíritas conhecem e aceitam Apometria como instrumento mandado por nosso Criador (caso contrário não teríamos acesso a essa técnica) e que podemos auxiliar nossos semelhantes, sem medos de más consequências. Acredito que, conforme evoluímos como sociedade, a espiritualidade permite-nos usar técnicas novas e boas para serem usadas junto às técnicas tradicionais, para atingirmos o motivo de nossa encarnação que é evoluir, auxiliando os outros na evolução.

Infelizmente ainda não comando nenhum centro espírita e o máximo que posso fazer é pedir aos dirigentes de grupos mediúnicos para auxiliar a Apometria atingir mais espíritos, encarnados ou não, tal como aconteceu comigo (vivo melhor e por isso consigo ajudar mais os outros). Peço a todos que trabalham com mediunidade ou não que, pelo amor a Deus, permitam a outros perceber a ajuda dessa técnica, combinada com as técnicas tradicionais (já utilizadas).

Espero que todos possam sentir na alma a sinceridade dessas palavras (escrita após uma intuição, um impulso, durante a leitura de um livro) e que escrevo por espontânea vontade após a citada intuição, sem a influência de ninguém. Apenas da própria consciência satisfeita por estar mais feliz e útil na vida após a experiência desta técnica chamada Apometria.

Paz aos corações!
Rodrigo C.A.

Dores na cabeça, alucinações e vômitos
Eu sofria de dores de cabeça muito fortes, que às vezes ficava até uma semana doendo. Era uma dor terrível. Além das dores, eu tinha alucinações e vômitos, sem contar que ficava muito fraca, sem energia quase que total. Já tinha passado por vários médicos, inclusive os melhores neurologistas, sem nenhum resultado.
Conheci este grupo de Apometria, que para mim era novidade. Eu não conhecia nada sobre Apometria.
Quando fui atendida, que foi aberta a minha frequência, fiquei surpresa com o que ouvi. Visto que no passado **eu tinha sido uma médica neurologista** em época de guerra e havia colocado na cabeça das pessoas vários chips, e os mesmos chips da cabeça dessas pessoas eram os que faziam doer a minha cabeça.
Hoje eu não consigo às vezes acreditar que estou livre de tudo isso, graças a Deus e a este grupo maravilhoso de Apometria.
Gostaria, em especial, de agradecer a médium Doris e o dirigente Geazi pela atenção e carinho que tiveram para comigo.
Uma observação curiosa é que, antes de iniciar os trabalhos, o dirigente da mesa (Geazi Amais) me perguntou se eu era médica ou enfermeira. No entanto, na atual existência, nunca fui.
Lucia H.J.T.

De cliente, passei para trabalhadora
Em primeiro lugar, agradeço a Deus por eu poder passar neste livro estes relatos de minha vida.
Conheci a Técnica Apométrica no ano 2002. Por um bom tempo fiz parte desse grupo de Apometria em São José do Rio Preto e confesso que às vezes fiquei surpresa pelas imensidões de causas que são solucionadas por esta técnica maravilhosa. Sofri muitos anos **umas dores nas pernas e nos tornozelos. Sentia um peso muito grande.** Parecia que eu estava carregando algo pesado com os pés. Passei por vários médicos, e o problema continuava. Certo dia, nos atendimentos da Casa, ao abrir minha frequência, constatei que na época da escravidão eu

fui uma escrava que carregava os grilhões muito pesados e até a época de hoje ainda interferiam na minha vida. **Hoje, não tenho mais dores nas pernas, nem sinto peso e vivo muito bem.**

Também fiquei sabendo em uma de nossas reuniões que uma das minhas irmãs iria ficar grávida, como de fato aconteceu. Recebi a orientação espiritual que a criança seria um menino, mas que seria um pouco problemático, pois ele era um espírito que foi muito rebelde com a família. No entanto, iria reencarnar, mas ele sentia vergonha de todos e sempre dava um jeitinho de suicidar-se no ventre, gerando os abortos. Porém, nesse atendimento, houve a incorporação, no que foi conscientizado que havia de reencarnar.

Quando essa criança nasceu, chorava sem parar, vinte e quatro horas por dia. Foi levado ao médico e não foi constatada nenhuma doença.

Ao ser atendido na Apometria, o choro passou a ter horário, que começava às 18 horas, sem parar, entrando em pânico e desespero todos os dias.

Ao ser atendido na Apometria pela segunda vez, constatamos que ele havia sido assassinado às 18 horas e todos os dias, nesse horário, ele entrava em ressonância com esse passado. Constatamos também que, em outras existências, ele foi morto queimado e, em outra, foi enforcado.

Depois do atendimento, ele nunca mais chorou daquela forma.

Agradeço a Deus pela oportunidade e ao Grupo pelo aprendizado.

Lucia H.J.T. – 26/03/2006

São José do Rio Preto/SP, 15/09/2006

Tomei conhecimento sobre Apometria por meio de uma amiga de meu filho (Rogério). Ele foi o primeiro de casa a se submeter ao tratamento e gostou muito. Há anos eu procurava algo que respondesse a certas dúvidas e explicasse o porquê de certas doenças que a medicina tradicional não encontrava explicação.

Como (na ficha de anamnése) eu tinha que expor apenas três problemas que achava mais importantes, **citei as dores de cabeça que vinham acontecendo desde a infância, assim como os problemas respiratórios** (asma, alergias) **e fobia de altura. Não viajo de avião e sofro terrivelmente quando chego perto de precipícios, andares altos dos prédios, etc.** Qual não foi a minha surpresa?

Quando, no dia marcado, ao passar pela mesa Apométrica, **a médium falou sobre um problema que não havia mencionado** e que era uma das minhas maiores preocupações. Explico: Aos 27 anos, eu ainda era uma moça **bonita e pesava 50 quilos**. Namorados não me faltavam. Fazia muito sucesso. Casei-me nessa época, não com a pessoa que mais amava, mas com outro que mal namorei. Não fui feliz. Ao final do casamento (12 anos após), **pesava 108 quilos**.

Estranhava o fato de não haver obesos em minha família, não sendo portanto uma herança genética. Havia também o fato de que eu era determinada na resolução dos meus problemas. Só esse é que eu não conseguia resolver. Por quê? Durante anos me fiz essa pergunta e achava que era pelos problemas emocionais terríveis que havia passado no casamento, os quais me induziam a comer por compulsão.

No dia que passei pela Apometria (15/07/2006), **a médium falou sobre uma personalidade múltipla fixa em uma época** (século XV) **em que fui sentenciada a morrer enforcada por ter cometido adultério** (visto que eu não havia cometido adultério; era calúnia... talvez pelo fato de eu ter sido muito bonita e cobiçada por homens poderosos...)

Nota: Na Apometria, por meio da Técnica da Regressão a épocas passadas, foi visto que a cliente estava no processo da necessidade de autodefesa, contra a queda moral, motivada por lembranças do passado, em que era possuidora de um belo corpo e explorada sexualmente. Foi visto também que, na existência em que foi explorada sexualmente, estava colhendo frutos de existências passadas, em que era possuidora de um belo corpo e se deixou prostituir.

...Foi trabalhado quadros de existências em que **caí de lugares altos**, **em outra, morri afogada no mar**, sentindo muito desespero **e, em outra, por ter mediunidade, fui taxada de louca, no que me suicidei.**

O fato é que hoje, inconscientemente, não quero ter o corpo bonito, para não ser acusada de adultério e prostituição como em épocas passadas.

As dores de cabeça, tonturas e a falta de ar, são explicadas pelo enforcamento e por estar ainda presa no caixão (suicídio).

Pouco mais de um mês após a Apometria, mudei meu modo de me alimentar (como sempre quis) e estou emagrecendo. Mas o que mais me agrada é a maneira equilibrada de me alimentar. Praticamente desapareceram as minhas dores de cabeça, que eram diárias. Agora são esparsas e bem amenas.

Estou muito feliz... a Apometria mudou a minha vida para melhor!

Dores nos braços e nas mãos

Fora trazida até nós uma jovem senhora (33 anos) apresentando dores muito fortes e constantes nos braços e nas mãos. Sendo que já havia feito tratamento médico e vários tratamentos espirituais (tratamentos desobsessivos tradicionais) e não desapareciam os sintomas.

No dia 21/01/01, abrimos a frequência e foi visto pelos médiuns que a cliente tinha personalidades múltiplas presas, vivenciando existência em que foi aprisionada por uma pessoa (visto que a pessoa que a aprisionou era o dirigente do grupo que lhe atendia), com os braços amarrados e pendurada numa espécie de gancho, aguardando o momento que ia ter seus braços decepados.

Foi trabalhado também a existência em que tinha poderes e, por maldade, mandava decepar os braços das pessoas que ela não se afinava e essas pessoas (encarnadas e desencarnadas) ainda encontravam-se no passado da paciente, em sofrimento nos umbrais, causando muita pressão psicofísica e espiritual, gerando as dores atuais. Todos foram socorridos e encaminhados.

No mês de fevereiro de 2001, com os mesmos sintomas, foi aberta novamente a frequência e trabalhado quadros de uma existência em que ela tinha escravos que, em acidentes de trabalhos, perdiam suas mãos e braços. Após isso eram abandonados à própria sorte e até hoje estavam presos nesses episódios de passado vibrando dores e ódios.

Foram trabalhadas também as personalidades múltiplas dela que manifestavam muita revolta por estarem ainda fixas em existência em que estavam colhendo os "frutos amargos"; eram deficientes, sofrendo humilhações e discriminações principalmente por parte dos familiares.

No mês de março do mesmo ano, atendemos outra vez esta cliente, já aparentando 80% de melhoras. Foi visto e dito a ela que era **médium fenomênica** e que, para resgatar o passado com mais rapidez, era preciso trabalhar com desenhos de espíritos deformados (arte-cura).

Não tivemos mais notícias dessa cliente.

Vale lembrar que, quando se atende um cliente com um determinado sintoma, é comum atender ("coincidência") várias personalidades múltiplas e subpersonalidades dos trabalhadores (médiuns e doutrinadores) e dos demais clientes com pelo menos alguns sintomas semelhantes, mas com causas diferentes. Como é o caso de outra cliente que atendemos com os mesmos sintomas (dores nos braços e nas mãos) e foi detectada pelo grupo a conexão de "fios" energéticos conduzindo a energia vital da cliente para bases umbralinas com o consentimento da própria cliente (inconsciente) uma vez que tinha, no passado, feito pacto com espíritos ligados a esta base do astral inferior.

Criança que chorava muito dia e noite
Caso: Criança de dois anos que, desde o nascimento, chorava demasiadamente a maior parte do dia e da noite, apresentando, por último, também gagueira.

A criança já havia passado por vários médicos, sendo que um deles sugeriu que levasse para algum Centro Espírita, pois nada havia sido detectado nos exames.

Atendimento: Foi feita então a sintonia, visando estabelecer a sintonia dos médiuns com a frequência da criança e imediatamente foi detectado que havia tido na família uma morte trágica. (Posteriormente confirmado pela mãe, que, quando criança, um tio dela havia sofrido um acidente fatal com um disparo de uma arma, atingindo a região do estômago.) Resumindo bastante, ficou claro para nós que o "tio" era, hoje, o menino reencarnado. Foi trabalhado uma personalidade múltipla do menino com a aparência do "tio", preso ou fixo no local do acidente, com o estômago deformado pelo tiro, sentindo muita dor (por isso o choro constante).

Foi visto também que essa personalidade múltipla estava desesperada, pedindo socorro (razão da gagueira).

Então aplicamos a cromoterapia mental com pulsos energéticos regenerando e recompondo a região lesada, acalmando a personalidade múltipla com a doutrinação e a conscientização da sua real identidade, mostrando a ela que o acidente já era passado e que ela agora precisava voltar para o agregado humano, ajudando-o na proposta encarnatória, mas antes seria encaminhada para um hospital do Astral Benfeitor para a complementação do tratamento.

Finalmente foi visto que na cabeça da criança havia implantes astralinos, controlados a distância por obsessores, mas foram desativados na contagem de pulsos energéticos e simultaneamente, projetando mentalmente a cor prata para a desintegração dos implantes astralinos. Logo, apareceram os responsáveis (obsessores), que foram incorporados, doutrinados e encaminhados.

Tempo de atendimento: 40 minutos.

Nota: Segundo a orientação espiritual, ficamos de aguardar um prazo de 21 dias para um possível retorno, mas tivemos a notícia da família de que estão todos muito felizes, dizendo que a criança está dormindo muito bem, sem choro e sem gagueira.

Sempre acorda de mau humor
(Este atendimento foi a distância)
Tenho 34 anos e sinto a presença de energias querendo desestabilizar minha caminhada. Desde os 15 anos iniciei esta caminhada. Hoje estou participando de um trabalho numa nova casa espírita e estamos estudando bastante para no futuro iniciarmos trabalhos com Técnicas Apométricas em benefício dos mais necessitados. Minha esposa reclama muitas vezes que eu acordo de mau humor. Ocorre que eu não trago as lembranças do que tenha me ocorrido na noite anterior e não tenho motivos nenhum (conscientemente) para sentir-me assim.

Resultado (enviado via e-mail): Foram trabalhados quadros de existência passada, em que você era dirigente de trabalhos com energia (trabalhos de baixo padrão, mexendo com vida de pessoas).

Foi trabalhado outra existência em que tinha poderes e colocava pessoas nos circos de Roma, humilhando-as e matando-as sendo que agora, quando dorme, desdobra e é levado para o umbral pelas suas vítimas. Foram incorporadas personalidades múltiplas suas ligadas à época que você foi muito poderoso, orgulhoso e egoísta, pois estas estavam fixas na época de Roma, não aceitando nenhum tipo de doutrinação, no qual foi diminuído o tamanho agigantado das personalidades múltiplas ligadas ao corpo mental superior e também foi preciso que a espiritualidade fizesse uma despolarização (arquivado partes dessa vivência de Roma), facilitando assim o encaminhamento.

Foi orientado para continuar estudando e o quanto antes ir colocando na prática, socorrendo as antigas vítimas.

Nota: O mau humor desapareceu por completo, mas dois anos após o atendimento, o cliente abandonou os trabalhos da "tal" casa espírita e junto, os estudos. Recentemente, voltou os mesmos sintomas, porém com mais intensidade.

Bebê sempre com pneumonia
Nome: Henrique
Idade: 1 ano e 9 meses

Foi aberta a frequência e visto que Henrique no passado (época de Hitler) era um cientista, e, em todas as pessoas acamadas, ele colocava com muita frieza uma espécie de vírus, sendo que estas morriam, sofrendo muitas dores nos pulmões. Foram trabalhados também quadros de outra existência em que resgatou grande parte desses débitos, quando foi abandonado pela mãe (a mesma mãe de hoje que foi vítima dele no passado) com muita frieza, numa lata de lixo, morrendo de fome e frio.

Foi vista uma flor amarela irradiando energia; em seguida, a médium sentiu-se reduzindo de tamanho, até chegar na sua preparação reencarnatória e viu um mapa do corpo humano, porém faltando um pedaço do pulmão.

Técnicas usadas:
a) Higienizadas e drenadas muitas energias negativas retidas nos níveis por meio da cromoterapia mental (sempre pulsando energias estalando os dedos);
b) Socorridas e conduzidas entidades encontradas na residência;
c) Feito limpeza, harmonizado e ativado os chacras;
d) Reconstruída a parte do pulmão que faltava;
e) Orientado à família para seguir as recomendações espirituais.

Tempo de atendimento: 20 minutos

Nota: A família, possivelmente, seguiu as recomendações espirituais (recomendações contidas neste livro nas páginas 83 e 84), pois passaram-se quatro anos e tivemos informações que desde então, o Henrique não mais adquiriu pneumonia.

O massagista
Resumindo o caso: o massoterapeuta, sempre que fazia massagem em uma senhora, sentia fortes dores nas costas e precisava se retirar, mas continuava sentindo permanência de mal-estar e, por último, também sentia raiva da senhora.

Aberta a frequência, foi trabalhado o marido da senhora (desencarnado e que não estava aceitando o desencarne), muito rebelde e com desejo forte de vingança.

Incorporado no médium, disse que jamais permitiria que sua esposa fosse a um massagista, no que foi acalmado, conscientizado do seu desencarne e encaminhado.

Conclusão: Nos momentos das massagens, o marido tentava incorporar no massagista para tirar a vida da esposa.

Nota: Passado uma semana, fez massagem novamente na mesma pessoa e não sentiu mais os sintomas desagradáveis.

Refluxo no rim (febre, dores no rim, sensação de bexiga cheia)
Nome: Weska
Idade: 9 anos

Quando a Weska tinha 5 anos, teve uma febre altíssima. Levamos para o hospital, e colheram urina para exames em que foi constatado o refluxo no rim esquerdo (doença grave que apresenta desde o nascimento a necessidade de tratamento com antibióticos fortíssimos até no máximo 3 anos de idade. A doença persistindo precisa de se submeter a cirurgia, sendo que não é recomendável a cirurgia após os 3 anos de idade).

Como foi descoberta a doença já com 5 anos de idade, seria uma cirurgia de alto risco. Com isso, os médicos optaram pelo tratamento. Foram quase 4 anos de muito sofrimento, sempre correndo para hospitais e, com frequência, tínhamos que buscá-la na escola levando-a para ser socorrida em hospitais.

Antes de fazer 9 anos, submeteu-se a exames minuciosos para ver com precisão o grau do refluxo.

Surpresa desagradável: O grau do refluxo no rim havia aumentado duas vezes mais, no que seria inevitável a cirurgia.

Após consultar outros médicos e se submeter a novos exames, ficou marcada a cirurgia para o dia 23/02/2006 (numa sexta-feira).

Acontece que, no momento que a equipe médica ia iniciar a cirurgia (creio eu que a espiritualidade interferiu), por "motivos particulares", o médico-chefe da equipe não compareceu no local e a equipe médica, por se tratar de uma cirurgia de alto risco, adiou a cirurgia.

No dia 24/02/2006 (no sábado), eu, tia da Weska, me submeti a um atendimento de Apometria e Desdobramento Múltiplo no Centro Ecumênico Ramatis visando conseguir forças para vencer meus desafios e pedi para o responsável do grupo (Geazi Amais) que, se fosse possível, fizesse uma vibração para a Weska, no que ele atendeu ao meu pedido.

Na segunda-feira, o médico-chefe da equipe que recusou a fazer a cirurgia na Weska, chamou a atenção da equipe, pois segundo ele, deviam ter feito a cirurgia.

Como a equipe expôs o seu ponto de vista, o médico-chefe solicitou um novo exame até para provar a necessidade da cirurgia e que eles já deviam tê-la realizado.

Surpresa agradável: Assim que ficou pronto o resultado do novo exame, o médico-chefe, olhando curioso, viu que não havia mais refluxo renal nenhum.

Técnicas usadas:
Primeiro a médium percebeu que o rim esquerdo da criança estava bem menor, como que se estivesse secando.

Foi visto por outro médium que os espíritos benfeitores estavam aproveitando o desdobramento das personalidades da criança para fazerem também uma cirurgia espiritual.

Enquanto ocorria a cirurgia espiritual, foi trabalhado com uma das médiuns sintonizada com a criança, por meio da cromoterapia mental com as cores verde-brilhante, amarelo-limão e violeta-luminoso. Essa médium sentiu todo o processo da cirurgia espiritual, desde sensação de bexiga cheia até febre interna.

Ao término da cirurgia espiritual, a médium relata que um dos espíritos que fazia parte da equipe cirúrgica colocou na nossa mesa os instrumentos usados na cirurgia (bisturi, tesoura, e outros mais), olhou para ela e sem palavras disse:

– De agora em diante é com vocês. Nós não vamos mais poder fazer o que compete a vocês...

A médium perguntou:
– Mas... como?
O espírito, sem delongas, respondeu:
– Estudando.

Casal com dificuldades nas relações mais íntimas
Procurou-nos um casal (ele com 35 e ela com 34 anos), já à beira da separação de um casamento de seis anos, devido às relações sexuais estarem cada vez mais espaçadas.

Relatou-nos o jovem que já estava muito irritado, pois fazia de tudo para que "pintasse" um clima, e nada... Dizia ele que, quando ela não estava a fim, ela estava com muito sono.

A moça também se apresentava preocupada pelo fato de amar o companheiro, porém, por mais que insistisse, não conseguia a manifestação da vontade em fazer sexo com o marido.

Estabelecida a sintonia dos médiuns com as possíveis raízes dos problemas, ficou claro que a relação não estava esgotada e que havia grandes possibilidades de acessar, conscientizar as personalidades múltiplas dissociadas da consciência desarmonicamente e encaminhá-las para complementação do tratamento em instituições do Astral Benfeitor.

Entre as muitas subpersonalidades e personalidades múltiplas do casal que foram atendidas, relato aqui apenas algumas que será de fundamental importância para que possamos entender os porquês das dificuldades do casal:

Personalidades múltiplas da moça que se divertiam no astral inferior, mais especificamente no vale do sexo;

Personalidade múltipla do moço que era o porteiro do "tal" vale do sexo (ele que estava no comando de quem entrava e quem não entrava para se divertir);

Subpersonalidades da moça que, quando dormia, ocorria o desdobramento destas, que se deslocavam para a diversão no vale;

Nota: Após dois meses que o casal foi atendido, recebemos a notícia de que os dois estavam em harmonia; ficando claro para nós que, **quando a pessoa faz sexo "do lado de lá"** (em desdobramento), **vai ter pouca ou quase nenhuma vontade de fazer sexo "do lado de cá"**.

É fundamental o estudo em todas as casas religiosas... Pois é ele que há de abrir o psiquismo e libertar as pessoas... É o estudo que há de fazer cumprir o que o nosso Mestre disse: –"... Conhecereis a verdade e ela vos libertará..."

(Geazi Amais)

Tira Dúvidas

PERGUNTA DE G.C.P.
1) Estamos estudando as técnicas apométricas e tivemos algumas dúvidas que gostaríamos de apresentá-las.

No dia 06/01/2001, o psicoterapeuta holístico Geazi Amais (autor deste livro) descreve um tratamento aplicado a uma cliente, cujo sintoma é o difícil relacionamento com a filha.

Ele marca uma sessão de TVP (Terapia de Vida Passada), descobrindo que a cliente, em 1968 e 1970, havia feito abortos, no que trazia marcas de arrependimento. Na mesma sessão, por meio da intuição, das Técnicas e do Desdobramento Múltiplo, ele percebe intuitivamente que a filha de difícil relacionamento era a que fora abortada nos dois abortos.

Em outra sessão ele relata:

"...pedi a ela (cliente) que mentalmente desejasse o desdobramento da filha e a filha, neste desdobramento, demonstrava muito ódio e revolta da mãe... Pedi novamente para a cliente, mas desta vez, que ela congelasse aquelas imagens de ódio e, em sintonia com a mente da filha, desejasse o recuo ou o afloramento das lembranças de outros tempos em que explicassem os porquês de ela ter sido vítima de dois abortos..."

Achamos extremamente interessante este caso pelo fato de ser possível desdobrar uma pessoa, ou seja, interferindo-se na sua consciência em um consultório.
Resposta de J. S. Godinho:
Pois é G.C.P., você percebeu que o psicoterapeuta Geazi Amais, que foi aluno do meu curso de **TVP** (um curso totalmente diferente de tudo que existe por aí em termos de TVP, pois sou autodidata e esta técnica foi desenvolvida muito antes de eu ter lido qualquer coisa sobre TVP), utilizou os conhecimentos sobre o Desdobramento da Técnica Apométrica em um trabalho de consultório obtendo excelentes resultados. Em primeiro lugar, **precisamos dizer que ele não fez nenhum mediunismo nem se utilizou de médiuns nem espíritos no trabalho, portanto, foi um trabalho anímico e mental descaracterizando o uso da mediunidade cobrada recomendada pela Doutrina dos Espíritos.** Mas veja o quanto foi importante ele conhecer a Apometria e o Desdobramento Múltiplo, ter experiência de trabalho na prática. Posso te dizer com toda a segurança que, pelo que conheço até hoje (janeiro de 2001), existem só duas técnicas de trabalho que podem interferir e modificar traços negativos de consciência ou de caráter: APOMETRIA e TVP. As demais trabalham o corpo, o campo energético, o comportamento, a interferência de espíritos, mas não acessam a consciência propriamente dita (perispírito e seu psiquismo que determinam o caráter).

1.2) Acreditamos que tenham faltado alguns detalhes no texto. Se uma pessoa está em estado de vigília, ela poderá ser desdobrada por outra?
Resposta de J. S. Godinho:
Essa é a diferença que destaca o Desdobramento Múltiplo como um instrumento de maior valia tanto para os trabalhos medianímicos gratuitos e fraternos quanto para os trabalhos terapêuticos profissionais fraternos. Um mesmo conhecimento podendo ser aplicado em dias diferentes de trabalho, distintos, que se complementam maravilhosamente.

Sem dúvida nenhuma a pessoa em estado de vigília pode ser desdobrada em diversas partes (personalidades), ser incorporada em sensitivos (canais ou médiuns) e **tratadas com excelentes resultados**.

PERGUNTA DO LEITOR:
2) Deve-se utilizar a Apometria e o Desdobramento Múltiplo nas sessões de desobsessões com o objetivo de reduzir ou mesmo pôr fim às provas do próximo?
Resposta no livro *O Evangelho Segundo o Espiritismo*:
"...Alguns pensam que, a partir do momento em que se está na Terra para expiar, é preciso que as provas sigam seu curso.

Sim, vossas provas devem seguir o curso que Deus lhes traçou, mas conheceis esse curso?

Sabeis até que ponto elas devem ir, ou se vosso Pai Misericordioso não disse ao sofrimento deste ou daquele: 'Não irás mais além?'.

Sabeis se a Providência não vos escolheu, não como um instrumento de suplício para agravar os sofrimentos do culpado, mas como alívio de consolação que deve cicatrizar as chagas que Sua justiça tinha aberto?

Quando virdes, pois, um de vossos irmãos feridos, deve dizer: **'Vejamos que meios nosso Pai Misericordioso colocou em meu poder para suavizar o sofrimento de meu irmão. Vejamos mesmo se Deus não colocou em minhas mãos os meios de fazer parar esse sofrimento;** *se não me foi dado também como prova, ou expiação, deter o mal e substituí-lo pela paz'.*

O espírita deve pensar que toda a sua vida tem de ser um ato de amor e de dedicação, e que qualquer coisa que faça não contrariará, não causará embaraços às decisões do Senhor, não alterará o curso da Justiça Divina.

Pode, sem receio, usar todos os seus esforços para suavizar a amargura da expiação do seu próximo.

RESUMAMOS DESTE MODO: *Estão todos na Terra para expiar; mas todos, sem exceção, devem empregar todos os vossos esforços para suavizar a expiação de vossos irmãos, segundo a lei de amor e de caridade..."*

2.1) Perdoe a minha insistência. Mas, mesmo a resposta anterior sendo clara, a Apometria e o Desdobramento Múltiplo, aplicados nos tratamentos desobsessivos com a mediunidade (intervenção de espírito), vocês não estariam interferindo no carma das pessoas?

Resposta da médium Rosa Maria Abrão:

"...Antes de começarmos a estudar e a desenvolver atividades na área da Apometria (em 1999), nosso grupo muito debateu e discutiu este assunto. Havia dúvidas de alguns companheiros com relação à interferência da Apometria no carma da pessoa.

Por ser uma técnica comprovadamente eficiente, como ficaria a questão do merecimento e do carma?

Será que tínhamos o direito de interferir desta forma?

Ficamos debatendo o assunto, durante meses.

Surgiram outras indagações:

Se a Técnica chegou até nós, será que temos o direito de não usá-la por medo de interferir no carma?

A espiritualidade superior permitiria que tivéssemos acesso a este avanço se não estivéssemos preparados para isso?

E nós, temos tanto poder assim, a ponto de interferir no carma, uma Lei Divina?

Concluímos que, assim como os médicos têm a obrigação de usar todas as técnicas disponíveis para salvar vidas, curar ou aliviar, nós também, como médiuns, precisamos fazer o melhor que pudermos para auxiliar nossos irmãos (encarnados e desencarnados).

Se tivermos na mão uma técnica de grande alívio, por que não usá-la?

Acreditamos que irradiações, mentalizações e o uso das Técnicas Apométricas podem e devem ser feitas com o paciente presente ou a distância, sem problemas. O benefício à pessoa é que estará condicionada a ela mesma, às suas ações, articulações mentais, posturas emocionais, mudanças de enfoque e comportamento..."

PERGUNTA DO LEITOR:
3) Quantas vezes o paciente precisa retornar a este tratamento desobsessivo e o que ele precisa fazer para obter um bom resultado?
Resposta de J. S. Godinho:
"...**Necessariamente, o número de atendimentos depende:**
De cada caso;
Da capacitação da equipe atendente;
Do esforço e da determinação dos médiuns em rastrear, identificar, acessar e trabalhar todas as possibilidades, de forma eficiente;
Do empenho do paciente em fazer sua reforma íntima e seguir as orientações dadas;
Da necessidade de aprendizado de cada uma das partes interessadas e envolvidas no caso (médiuns, paciente, familiares do paciente, espíritos envolvidos...)"
3.1) Você poderia resumir aqui a eficácia do tratamento com os pacientes que se submetem à Apometria e ao Desdobramento Múltiplo, pelos grupos de trabalhadores que estão aplicando estes novos recursos?
Resposta de J. S. Godinho:
"...**A eficácia do tratamento depende:**
Em parte da capacitação, empenho, harmonia e equilíbrio do grupo que se propõem a atender;
Do amparo espiritual e merecimento do paciente e do grupo atendente;
Do esforço, dedicação e seriedade com que o paciente conduz o tratamento;
Do amor fraterno empregado pelos atendentes..."

PERGUNTA DO LEITOR:
4) No momento atual, muitos Centros Espíritas, principalmente os que dizem seguir as orientações de Allan Kardec, estão com as portas fechadas para a Apometria e o Desdobramento Múltiplo. Por quê?

Resposta no livro *O Evangelho Segundo o Espiritismo*, cap. 23, item 12:
"*...Toda ideia nova encontra forçosamente oposição, e não houve uma única que se estabelecesse sem lutas. Nestes casos, a resistência é proporcional à importância dos resultados previstos, pois, quanto maior for a ideia, tanto maior será o número de interesses ameaçados. Se notoriamente falsa, considerada sem consequências, ninguém se perturbará com ela, e a deixam passar, sabendo que não tem vitalidade. Mas se for verdadeira, se assentada em uma base sólida, se preveem futuro para ela, um secreto pressentimento adverte seus opositores de que ela é um perigo para eles e para a ordem das coisas em cuja manutenção estão interessados. Eis por que se lançam contra ela e contra seus seguidores.*

A medida da importância e dos resultados de uma ideia nova se encontra, assim, na agitação emocional que seu aparecimento provoca, na violência da oposição que ela desperta, na intensidade e persistência da raiva de seus adversários..."

PERGUNTA DO LEITOR:
· 5) O que dizer para os grupos que vêm colocando preço – cobrando para utilizar a Apometria e o Desdobramento Múltiplo nos tratamentos desobsessivos com a mediunidade (intervenção de espírito)?

Resposta no livro *O Evangelho Segundo o Espiritismo* cap. 26, item 10:
"*...A mediunidade é uma missão sagrada que deve ser praticada santa e religiosamente. Se há um gênero de mediunidade que requer essa condição de maneira ainda mais absoluta é a mediunidade de cura. Assim é que o médico oferece o fruto de seus estudos, que fez à custa de sacrifícios muitas vezes árduos; o magnetizador (que magnetiza, que transmite sua influência, que impõe sua vontade a outro com o objetivo da cura) dá o seu próprio fluido, muitas vezes, até mesmo sua saúde; portanto, ambos (médico e magnetizador) podem colocar preço nisso. O*

médium curador por sua vez transmite o fluido salutar dos bons espíritos e isso ele não tem o direito de vender. Jesus e os apóstolos, embora pobres, nada recebiam pelas curas que faziam. Aquele, pois, que não tem do que viver, que procure recursos em outros lugares, menos na mediunidade, e que apenas dedique a ela, se for o caso, o tempo de que possa dispor materialmente. Os Espíritos levarão em conta o seu devotamento e sacrifícios, enquanto se afastarão daqueles que esperam fazer da mediunidade um modo de subir na vida..."

PERGUNTA DOS ALUNOS:
6) Enquanto você fazia a exposição do trabalho prático com o Desdobramento Múltiplo, passou-nos a nítida impressão de que você influenciava as personalidades que incorporavam na médium.

Resposta de Geazi Amais:
Sim, você está certa! O doutrinador, orientador ou dialogador precisa fazer o possível para conseguir dar o comando ao médium, influenciando assim, tanto as personalidades como os espíritos equivocados, pois segundo J. S.Godinho e também a experiência do nosso estudo e trabalho, concluímos que as **Personalidades Múltiplas e as Subpersonalidades** não são simples autômatos ou formas-pensamento. Elas têm poder de decisão, autonomia de ação, conhecimentos diversos e força mental bem ou mal desenvolvida. Geralmente agem de forma oculta e com grau de periculosidade variado. Em muitos casos, quando negativas, subjugam a vontade da pessoa afetada. Acessadas, quando negativas, ameaçam-nos e até nos atingem com seus recursos psíquicos, agressividade, conhecimentos de hipnose ou ainda com técnicas de manipulação de energia, quando interferimos em suas ações.

Nem sempre um doutrinador com pouco preparo consegue influenciá-las, dominá-las, neutralizá-las ou reintegrá-las. Devido a isso, aqueles que se candidatam a esse trabalho precisam estar preparados para reconhecê-las e enfrentá-las com eficiência e precisão.

No livro *Doutrinação: A arte do conhecimento* (de Luiz Gonzaga Pinheiro), diz:

"*... Quando se conversa com alguém que precisa fazer uma catarse, e este alguém tem o pensamento fragmentado, com lacunas, ou está com amnésia, é preciso incentivá-lo, orientá-lo, preencher espaços vazios da sua mente, botar em sequência os fatos que estão desordenados, recompor sua história de vida. Não é preciso impor ao doutrinador a enciclopédia missão de tudo conhecer, neurotizando-se se não consegui-lo. É preciso lembrar que: **um diálogo se faz com uma sequência lógica e adequada proferida por ambos**...*"

PERGUNTA DOS ALUNOS:
7) Pareceu-me que você utilizou as técnicas de regressão e despolarização no segundo caso, levando a personalidade até a fase bebê, para que fosse levada para tratamento. Pergunto:
7.1) Como se procederá o tratamento desta personalidade? Afinal, ela regrediu até a infância ou ao chegar ao local de tratamento ela voltará à idade adulta para o tratamento?

Resposta de Geazi Amais:
Utilizei das técnicas de regressão e "parte" da despolarização; embora este último (despolarização) é indicado em último caso...

Percebi intuitivamente que a personalidade precisava regredir até a infância, pois era notável os "nós" traumáticos que carregava. Mas senti que o tratamento iria prosseguir na outra dimensão, até mesmo pelo tempo que iria ser necessário ali para rever e reviver todos os episódios desagradáveis para serem terapeutizados.

Creio que ao chegar no local de tratamento (dimensão espiritual), gradativamente será efetuada a adequação da idade cronológica para poder ser acoplada, ajudando a ponta física na proposta encarnatória.

7.2) E por que não foi possível encaminhá-la em sua fase adulta, com todas as suas revoltas, ódio, etc.?

Resposta de Geazi Amais:
Devido à intensidade do ódio, foi preciso fazer a regressão até a infância... mas em muitos casos é possível por meio da conscientização, utilizando as técnicas e a acolhida amorosa, encaminhá-las à fase adulta. Porém ciente de que as personalidades múltiplas estão mesmo desfocalizadas de revoltas, inconformismos, ódios e outras negatividades.

7.3) A Apometria não consegue atingir essas personalidades em seu estado "atual" ou requer mais tempo para trabalhá-las?
Resposta de Geazi Amais:
Sim, consegue! Mas precisa, muitas vezes, acessar um passado escuro visando clarear o momento atual, mas como a necessidade tem sido bem maior do que a boa vontade tanto dos médiuns como dos dirigentes espíritas que fecham as portas para estes novos procedimentos, torna-se delicado trabalhar a personalidade do encarnado com pouquíssimo tempo na sessão mediúnica, quando poderia perfeitamente ser trabalhada em consultório.

7.4) Também notamos semelhanças entre os dois casos, ambas foram pessoas com problemas de solidão, vida desregrada ou possuíam muito dinheiro e não deram valor; é comum isso?
Resposta de Geazi Amais:
Ultimamente está sendo comum esses quadros. Mas também acredito que a espiritualidade escolheu casos semelhantes para serem bem explorados. Aliás, é comum nos dias dos nossos trabalhos práticos, sem que sejam passados por triagem, serem os casos do dia, semelhantes.

Nota: Semelhante não é o mesmo que **igual**. Muitos sintomas **semelhantes** costumam ter suas **causas** totalmente **diferentes**.

PERGUNTA DA ALUNA:
8) Ao final tive a nítida impressão de que todos estavam num estado de transe hipnótico, pensando a mesma coisa, tendo as mesmas impressões sobre o trabalho. Como se o inconsciente de todos estivessem vibrando na frequência que você imputou, ou não?

Resposta de Geazi Amais:
Também percebi que todos estavam na mesma frequência. Mas penso que juntou tudo, não é? O compromisso vosso assumido antes dessa reencarnação; a parceria nossa e vossa com a espiritualidade benfeitora... Notei que tivemos muito, muito mesmo, o acréscimo da misericórdia Divina... Pois foram muitas as projeções de energias dos espíritos das trevas que manipulavam os encarnados para que não tivéssemos êxitos no trabalho teórico e prático que estavam programados para o domingo, até mesmo, se fôssemos contar a dificuldade que tivemos de chegar até aqui... Jesus amado... Mas eles (espíritos que estavam contra), quando efetuavam com sucesso algo negativo, algo positivo também era efetuado pelos espíritos benfeitores...
Creio que eles não ficaram nada contentes por terem sido derrotados mais esta vez... Só temos de agradecer...

PERGUNTA DA ALUNA:
9) Meus colegas unanimemente o viram como um vidente, eu apenas vi você como alguém que sabia muito bem como e o que estava fazendo.

Resposta de Geazi Amais:
Embora penso que não tenho a vidência aflorada ou desenvolvida, chego a assustar algumas vezes...
Atualmente estou acreditando muito na intuição... Mas confesso que, no que se refere aos "novos" procedimentos, ainda estou engatinhando...
Todos nós precisamos de mais estudo e mais prática para acessarmos aquilo que já sabemos, mas que está arquivado nas profundezas do nosso inconsciente, talvez até mesmo pelo medo da responsabilidade, uma vez que não fizemos um bom uso desses conhecimentos há muito tempo...

PERGUNTA DA ALUNA:
10) Talvez ainda seja cedo para estes questionamentos...
Resposta de Geazi Amais:
No atual momento, está mais para "tarde demais" do que para "cedo demais"... tanto para os questionamentos como também para os trabalhos práticos... Mas, nota-se que o assunto é complexo e, com isso, não devemos nem estacionar nem tampouco querer achar as definições para tudo em tão pouco tempo. Os cursos e este livro também visam mostrar a nossa simples experiência e as grandes possibilidades reais de trabalhar com as personalidades físicas, subpersonalidades e as personalidades múltiplas dissociadas com excelentes resultados.

PERGUNTA DE UM ALUNO:
11) Trabalho com uma equipe, na desobsessão convencional e, em uma de suas aulas práticas, em que você expunha o trabalho na mesa, com vários médiuns e vários doutrinadores, não consegui identificar as técnicas Apométricas. Pareceu-me semelhante ao trabalho de mesa de Desobsessão ao qual trabalho.
Resposta de Geazi Amais:
Veja bem. Parece-me que o trabalho de desobsessão convencional que você menciona e trabalha não é tão convencional assim... Passa-me a nítida impressão que o vosso grupo está numa fase mais adiantada. Mas não é a nossa intenção, com a Apometria e o Desdobramento Múltiplo, mudar as bases doutrinárias, e sim acrescentar – enriquecer o trabalho desobsessivo, no intuito de "somar" e usar a "ferramenta" com sabedoria.

Notei que na exposição do trabalho prático na mesa, entre as técnicas utilizadas, algumas delas, infelizmente, ainda não ocorrem ou ainda não estão sendo usadas na maioria dos grupos que atuam na desobsessão tradicional, como: a) Ocorreram as incorporações múltiplas e simultâneas; b) Em 30 minutos, cada médium teve de três a mais incorporações; c) Resgatadas personalidades no astral inferior; d) Utilizadas as técnicas de reconfiguração, regressão, progressão, contenção, hipnose, despolarização e cromoterapia.

Nota: Percebi que o que ocorreu de semelhante ao que ocorre nos grupos que atuam nos trabalhos desobsessivos convencionais foram as técnicas da acolhida, da doutrinação convencional e, por fim, a do encaminhamento.

PERGUNTA DOS ALUNOS:
12) Esta aula gerou polêmica e desconforto entre a maioria dos alunos que lá estavam:
12.1) várias pessoas ficaram assustadas;
Resposta de Geazi Amais:
Bom... Era de se esperar que as pessoas ficassem mesmo assustadas! Pois nem sempre é fácil sentir mais de perto o deparar-se consigo mesmo. Ou melhor dizendo: é mesmo assustador quando descemos às profundezas das furnas umbralescas na intenção de socorrer os outros e nos deparamos com nós mesmos. O importante é que os alunos foram persistentes e não foram embora no momento do susto...!
12.2) outras não entenderam o que estava acontecendo;
Resposta de Geazi Amais:
Sempre tem aquelas pessoas que encontram mais dificuldades (bloqueios) do que as outras. Por isso, a necessidade da persistência no estudo, as perguntas, visando entender o que por hora está sendo difícil.
12.3) A mente das pessoas que participaram do curso ficaram confusas e assustadas, a vibração estava muito baixa energeticamente falando;
Resposta de Geazi Amais:
Digamos que uma boa parte das pessoas que estavam cursando teve suas mentes confusas e assustadas pelo fato de diretamente ou indiretamente estarem no consciente ou no inconsciente, sintonizando com suas próprias encrencas!

Nesses atendimentos, quando ocorre de a Misericórdia Divina permitir o acesso a esses quadros, significa que estamos com mais preparo para conscientizar quem nós fomos e que, muitas vezes, infelizmente, ainda estamos sendo e geralmente é natural desencadear certo medo que, até certo ponto, é virtude.

Percebi intuitivamente que personalidades múltiplas de magos negros dos cursandos, ligadas a um passado comprometedor, estavam sendo atraídas para o local do curso, achegando mais perto da consciência física, assessoradas pela equipe espiritual, visando à conscientização da grande mudança.

Nota: Não precisa ter a vidência desenvolvida para ver mentalmente ou sentir as personalidades citadas acima, dando risadas do que eu falava. Quanto à vibração muito baixa energeticamente falando, é porque estávamos sintonizados com uma região do astral inferior onde a energia dessa região era mesmo muitíssimo baixa! Aliás, se não tivéssemos a proteção da espiritualidade benfeitora, os espíritos e as personalidades múltiplas que lideravam a "tal" região teriam "virado a mesa".

12.4) O resultado foi entidades incorporando, pessoas ligadas a magia negra, outras com implantes... Por quê?

Resposta de Geazi Amais:
Mediante o grande número de personalidades múltiplas e de espíritos fixos naquela região, até que incorporaram poucos... (embora ocorresse em maior número as incorporações astrais), mas foram resgatados centenas deles... E também desfeitos os pactos de magia negra feitos no passado, exatamente naquela região e também retirados os aparelhos desorganizadores.

Nota: Isso foi permitido porque havia muita influência de espíritos em sofrimento, vivendo ainda no passado, sobre o presente da maioria de nós que estávamos participando do curso e ou de alguns doentes obsediados...

PERGUNTA DOS ALUNOS:
13) Em uma de suas respostas disse: *"Creio que eles não ficaram nada contentes por terem sido derrotados mais esta vez... Só temos de agradecer...".* Isso não seria perigoso para quem atende, ou melhor, os espíritos obsessores não poderão posteriormente revidar, atacando o grupo?

Resposta de Geazi Amais:
Primeiro vamos trocar a palavra "ataque" por "assédio". Até porque os que estavam representando o "mal" estavam bem!

Nós é que, segundo eles, fomos lá infortuná-los. Sendo assim, eles estão supostamente certos em assediar-nos! Nós, que supostamente representamos o bem, devemos ter mais coragem e saber que mesmo com o assédio deles, o bem sempre vencerá o mal. O que ocorre é que ainda ontem estávamos fazendo parte diretamente dos grupos das trevas. Significa que muitos de nós ainda têm um pezinho na escuridão. Com isso, ao colocarmos a cabeça no travesseiro, muitas vezes desdobramos e vamos para as trevas levar informações ou dar continuidade aos trabalhos negativos que, conscientemente, não fazemos mais parte e que, infelizmente, é contrária à nossa proposta na existência atual, etc., etc., etc. Por isso, ouve-se dizer que é difícil e até parece mesmo que o mal está mais forte do que o bem. Não é bem assim! São os representantes do bem que não estão representando o bem tão bem assim e, em muitas horas, estão fraquejando. Os espíritos das trevas já há algum tempo estão conscientes da derrota final. O que ocorre é que, na concepção deles, quanto mais gente eles puderem levar com eles, melhor.

A dica é olharmos para dentro de nós, com a finalidade de combater e vencer as nossas trevas internas; porque só assim, com certeza, estaremos vencendo também as trevas externas.

"...Que aproveitará o homem
se ganhar o mundo inteiro
e perder a sua alma?".
(Jesus)

Trechos Extraídos do Livro Não Há Mais Tempo

(Espírito Atílio, pelo médium Agnaldo Paviane)

"...Para ilustrar minhas palavras, recordo-me que, em uma oportunidade, enquanto nosso grupo auxiliava uma equipe de médiuns encarnados, nosso dirigente espiritual pediu-nos que estivéssemos muito vigilantes com os pensamentos, porque ele permitiria que um espírito de relevante envergadura intelectual falasse ao grupo de encarnados.

Explicou-nos que se tratava de astuto líder das trevas. Esclareceu ainda que o médium iria apenas captar o pensamento do espírito que não estaria presente, digamos, pessoalmente na reunião mediúnica.

... Formamos um círculo de proteção ao derredor do grupo encarnado, enquanto o médium, que previamente já havia sido informado – via intuição – pelos amigos espirituais da presença desse representante das trevas, preparou-se mentalmente para transmitir as palavras do espírito comunicante.

O espírito, que estava a uns 5 quarteirões do local da reunião, iniciou o diálogo com o doutrinador encarnado. Diálogo este que narro, de maneira sucinta:

- – Quem está no comando?
- – Jesus é o nosso comandante, meu irmão, e antes de tudo, digo-lhe: seja bem-vindo à nossa reunião.
- ... – Em primeiro lugar, meu caro, se esse grupo, verdadeiramente, estivesse a serviço do Cristo, não haveria tanta desunião entre vocês, afinal estão do mesmo lado, nessa guerra, ou não?
- Antes que o doutrinador respondesse, o espírito continuou a expor seu raciocínio, com muita calma.
- – Em segundo lugar, acho que sua resposta, em verdade, retrata sua covardia, seu medo de assumir maiores responsabilidades na causa que diz servir; em terceiro lugar, não acredito nesse seu "bem-vindo"; comumente observo a sua impaciência e irritação diante daqueles que trabalham com você nesta Casa Espírita, como vou acreditar que sou bem-vindo, se vocês todos não têm afeto uns para com os outros? E por último, não sou seu irmão.
- – Então você não acredita que é filho de Deus?
- ... – E você acredita? Creio que não, se realmente o senhor tivesse fé nesse seu Deus, não acumularia tanta revolta e tantas incertezas no coração.
- – Caro amigo, não estamos aqui para falar de mim, mas sim de você.

- *O que foi? Acaso está com medo? Não seja tão arrogante, só porque leu meia dúzias de livros, acha que pode doutrinar os espíritos e convertê-los a sua religião?*
- *– Não se trata disso, queremos ajudá-lo.*
- *– E quem ajuda vocês? Quando alguém tem a iniciativa de ajudar um outro, supõe-se que quem vai ajudar esteja em paz consigo mesmo, e sinceramente, vejo diante de mim alguém que ainda não aplicou na própria vida o que tenta ensinar aos outros.*
- *– Como eu já disse, esse ambiente é como se fosse um hospital.*
- *– E eu presumo que nesse contesto eu seja o doente, que necessita de suas palavras de consolação?*
- *– Sim, é mais ou menos isso.*
- *– Quanta prepotência, o que lhe faz pensar que você é melhor que eu? Acaso você me conhece? Sabe da minha história? Todos vocês nesta sala estão se escondendo atrás das suas mediunidades, dos seus cargos ou das suas obras sociais; escondem-se porque não têm coragem de admitir quem são de verdade.*
- *– Caro amigo, compreenda que todos nós temos nossos desafios, nossas falhas; a diferença é que nós nesta sala já estamos fazendo o bem e você ainda prefere a condição de obsessor.*
- *... – E quem disse a você que sou um obsessor? Só porque adotei um sistema de vida diferente do seu você se acha no direito de me qualificar como um obsessor? Desça do pedestal de sua arrogância e converse comigo de igual para igual, porque é isso que somos; iguais. A*

diferença é que eu assumo que estou a serviço das trevas e vocês se dizem estar a serviço do Cristo, mas em verdade objetivam satisfazer o próprio ego. Ao que me consta esse seu Jesus era simples, desprendido e pregava o amor. E o que vejo aqui, é um bando de gente falando em nome Dele, mas no fundo, estão interessados em aparecer, em serem reconhecidos publicamente ou estão almejando este ou aquele cargo dentro da filosofia religiosa que dizem pregar.

Mediante aquelas colocações, o doutrinador perdeu o controle e ameaçou perder a compostura. O que mais me deixava aflito era ver que o dirigente espiritual apenas acompanhava o diálogo sem fazer nada.

Foi nesse momento que o dirigente da reunião pediu que o doutrinador se calasse e assumiu o diálogo, dizendo:

- *... – Caro irmão...*
- *– Já disse que não sou irmão de vocês...*
- *– Aceitando ou não, você é nosso irmão, porque em verdade somos todos irmãos.*
- *– Se o senhor acredita mesmo nessa teoria, por que em sua vida particular conserva inúmeras inimizades?*
- *– Ah! Mas esses desafetos me prejudicaram muito!*
- *– E não é dever de um irmão perdoar outro irmão? Além do que, aqui mesmo nesta Casa Espírita você age com indiferença com inúmeros corações, como quer falar de irmandade?*
- *– Não vou mais chamá-lo de irmão, entenda, é um hábito.*

- ... – Eu entendo, afinal, a maioria de vocês espíritas são assim, decoram suas falas, memorizam alguns textos evangélicos, utilizam alguns adjetivos bonitinhos e acham que com isso vão doutrinar aqueles que vocês adoram definir como obsessores.
- – No fundo, estamos tentando fazer você entender que Jesus é o caminho.
- – Se Ele é o caminho, por que você não segue com o coração, em vez de trazê-lo apenas nos lábios?
- – Se você não parar de nos ofender pedirei que se retire.
- – Ah! Parece que o senhor não tem mais argumentos.
- – Nosso argumento é o amor.
- – Então eu tenho razão, o senhor não tem mais argumento. Não vejo esse amor no coração de vocês, inclusive, o senhor que me dirige a palavra, por que não vai falar de amor com o seu filho que está perdido na vida, graças à ausência paterna?
- – Isso é mentira, tenho sim me ausentado com frequência, mas isso se deve aos meus muitos compromissos na seara espírita.
- – Mentira sua, na verdade você não suporta sua família, nunca foi um exemplo de pai e ainda tenta responsabilizar o Centro Espírita pelos seus erros? Isso é o cúmulo!

... O ambiente ficou extremamente tenso. O benfeitor espiritual continuava em silêncio, apenas observando. Neste momento, uma jovem que fazia parte do grupo de médiuns encarnados solicitou a palavra e, dirigindo-se fraternalmente ao espírito comunicante, disse-lhe:

- *– Somos espíritos em luta, sabemos que possuímos inúmeras mazelas morais, não há necessidade de o senhor nos atirar a verdade sobre nós mesmos, em nossa face. Todos aqui somos crianças espirituais, mas estamos nos esforçando para melhorar, gostaria de saber por que nos trata dessa forma?*

O espírito comunicante sorriu, através da boca do "aparelho mediúnico", e de maneira bastante serena, arrematou a conversa:

- *– Até que enfim alguém coerente neste grupo. Não estou aqui para ser doutrinado, apenas venho trazer um recado a todos vocês. Admite-se que sejam crianças espirituais, não se aventurem em fazer um trabalho de gente grande. Se realmente querem fazer frente as inteligências das trevas, aprendam primeiro a representar bem o vosso Nazareno. Além do que, como vocês podem levar a luz se se encontram nas trevas!? Não sejam tão prepotentes e não subestimem as inteligências do mal, pois caso contrário, aniquilaremos este grupo.*
- *– O senhor está nos ameaçando?*
- *– Não! Estou apenas colocando-os em contato com a realidade. Quando um grupo religioso, espírita ou não espírita, decide ir além de fazer sopa para os famintos e realizar uma pregação hipócrita dentro de suas casas religiosas, eles precisam saber em que estão mexendo. Como disse, trago um aviso, apenas um aviso.*
- *– Mas se o senhor mesmo disse que não é nosso irmão e não tem simpatia pelos nossos ideais, por que está nos alertando?*

- *Para que, quem sabe, vocês acordem e, aí sim, possamos ter um inimigo a nossa altura. Adeus.*
- *Dizendo isso o espírito se retirou, sem que o benfeitor o detesse.*
- *Fiquei pensativo após assistir àquele diálogo. Eu sabia que aquele grupo de encarnados estava, desde há muito tempo, vencendo o fantasma do tal "antidoutrinário", incorporando em suas reuniões, tratamentos com técnicas de Apometria e outros tratamentos que tinham a presença de pretos-velhos. Sabia também que o grupo enfrentava grandes dificuldades de relacionamento. Mas pensava comigo, será que aquele diálogo não poderia ter um efeito negativo no grupo?*
- *O benfeitor que nos acompanhava, lendo os meus pensamentos, disse-me:*
- *... – Já que o grupo não ouve os benfeitores, quem sabe, ouçam aqueles que, no momento, recebem a definição de malfeitores...".*

Perguntas feitas para o espírito Klaus – do mesmo livro *Não há mais Tempo* – Médium: Agnaldo Paviane

"...1) Dr. Klaus, em sua opinião, de maneira geral, como estão os espíritas?

- *Depende do ângulo que se observa. De maneira geral, os espíritas têm realizado muito, no entanto, numa análise mais acurada, nota-se claramente, salvo algumas exceções, que eles **vão mal, muito mal.***

2) É uma crítica?
- *Não, apenas uma constatação.*

3) Há quem duvide do seu comentário...

- *É uma pena, aqueles que duvidam, deveriam visitar alguns hospitais de nossa dimensão, onde se encontram hospitalizados, em tratamento, milhares de espíritas, **um pior que o outro**. <u>Tenho certeza, os que duvidam, mudariam de ideia</u>...".*

As pessoas que constantemente fazem o bem, com afeto, estão iniciando a união de ação e de pensamento fraterno. Automaticamente estão colaborando muito com a transição; e com isso, serão os seres do Mundo de Regeneração... Na matemática, isso é o certo e, na Lei Divina, é o correto. Só não vê quem não quer ver que o fim do ciclo está perto

(Geazi Amais)

Palavras do Autor

Queridos leitores, quando comecei a escrever este livro, recebi a informação da espiritualidade benfeitora de que eu estaria amparado e que já havia sido designada uma equipe espiritual que me influenciaria a escolher as palavras e os assuntos mais pertinentes ao momento atual e que também não haveria obstáculo nenhum para a edição.

Pois bem. Terminado o livro, não conseguindo aprovação das editoras, em sessões mediúnicas, fui logo perguntando para a espiritualidade se algo teria saído errado.

Eles disseram que 90% da humanidade está demorando muito para entender, que na maioria das vezes, de um modo geral, eles próprios são os autores das desordens; e que, enquanto eu não registrasse neste livro alguns desses muitos casos interessantes atendidos, com resultados positivos, o livro não iria ser editado.

Disseram ainda, que não seria editado em nenhuma das editoras que eu havia enviado o livro para análise e assim que eu terminasse de relatar os "casos" que estavam faltando, iria surgir uma pessoa encarnada que me orientaria e que era apenas para eu acreditar na intuição e seguir as orientações, sem pressa. Era somente fazer a minha parte que o restante seria com a equipe espiritual.

Foi somente eu terminar de escrever o que vocês irão ler logo mais abaixo, a Patrícia me apresentou Carlos Torres, autor dos livros *A Lei da Aração* e *2012 – A Era de Ouro*;* segui as orientações do mesmo, enviando esta obra para a Madras Editora, no que foi analisada e aprovada pelo Conselho Editorial da mesma.

FILHO ALCOÓLATRA
No ano de 2002, um casal veio para o atendimento com o problema do filho alcoólatra de 22 anos.

Disse os pais que o moço estava, no momento, internado em hospital psiquiátrico pela décima primeira vez e não estava conseguindo superar o vício e, por último, estava mais agressivo, agredindo fisicamente o pai.

Interessante que, ao estabelecer a sintonia dos médiuns com as possíveis raízes do problema vivenciado pela família, foram incorporadas algumas personalidades alcoólatras do pai. Perguntamos se o pai também tinha o hábito da bebida e, para nossa surpresa, disse que só de pensar em bebida alcoólica a boca já amargava e passava muito mal.

As personalidades múltiplas do pai foram devidamente atendidas e ficou claro que o pai estava utilizando o filho como médium dele! Isso mesmo! Explico:

Como o pai tinha várias personalidades ainda ligadas a existências anteriores em que foi alcoólatra e atualmente é possuidor de uma força mental mais avantajada que a força mental do filho, essas personalidades alcoólatras incorporavam ou sintonizavam com o filho e satisfaziam o desejo inferior do vício do pai. Por esse motivo o rapaz estava muito irritado com o pai, mas ninguém da família sequer tinha noção do que estava ocorrendo.

O resultado foi positivo, pois o rapaz não precisou mais de internações, não agrediu mais o pai, deixou a bebida, casou-se e hoje tem uma vida normal.

---

* N.E.: Sugerimos a leitura de *A Lei da Aração e 2012 – A Era de Ouro*, ambos de C. Torres e S. Zanquim, Madras Edirora.

INCORPORAÇÃO DE ENCARNADOS

Chegou até nós um jovem casal com o problema da filha de 4 anos que até os 3 anos era calma e tranquila, dos 3 para os 4 anos estava muito agressiva com a mãe.

Estávamos encontrando dificuldades para entender, pois o que estava sendo visto no atendimento era o pai que estava agredindo a esposa.

Perguntamos se o esposo estava magoado com a esposa, a resposta foi rápida:

– Não. A única coisa que aconteceu foi que, há um ano, recebi promoção no meu trabalho e iria ganhar três vezes mais do que estou ganhando. Apenas teríamos que nos mudar para outra cidade, no que ela (minha esposa) não concordou. Naquele dia, eu entendi. Mas, no fundo, fiquei pouco inconformado com a desaprovação dela.

Uma das nossas médiuns nos relatou que o marido estava de fato com o problema do "inconformismo", mágoa e raiva e, como não tinha coragem de reagir fisicamente, reagia astralmente! Desdobrava, incorporava na filha e esta, sem condições de conter o desejo de vingança, agredia a mãe.

Interessante que, daquele dia em diante, a menina não mais manifestou comportamento agressivo.

O RECÉM-FORMADO

O rapaz acabara de se formar em psicopedagogia, já ia para um ano que não fazia outra coisa senão enviar os currículos para Deus e todo mundo, mas não conseguia o emprego.

Aberta a frequência, dois médiuns nos relataram o quadro mais estranho e até muito engraçado. Diziam os médiuns verem o quadro do rapaz enviando os currículos, mas para todos, sem exceção, ele desdobrava e ia à frente fazendo a caveira dele mesmo.

Ao incorporar essa subpersonalidade, foi atendida com a orientação, pois foi visto que o rapaz era esforçado trabalhador, só estava com o problema do medo da responsabilidade.

Referências Bibliográficas

ATÍLIO (Espírito). *Não Há Mais Tempo*. Psicografado pelo médium Agnaldo Paviane. Votuporanga, SP: Sintonia Editora, 2009.

AZEVEDO, José Lacerda. *Espírito — Matéria: Novos Horizontes para a Medicina*. Porto Alegre, RS: Pallotti, 1999.

FERREIRA, Rodrigues. *C.R.E.P. (Curso de Recomposição do Equilíbrio Psicofísico)*.

GODINHO, J. S. *Apometria: Um Instrumento para a Harmonia e para a Felicidade — A Nova Ciência da Alma*. Londrina, PR: Universalista, 1999.

_____. *Conflitos Conscienciais — Personalidades Múltiplas & Subpersonalidades*. Lages, SC: Holus Editora, 2006.

_____. *Desvendando o Psiquismo — O Espírito em Terapia*. Lages, SC: Holus Editora, 2005.

_____. *Mediunidade e Apometria — Terapêutica Espiritual*. Londrina, PR: Universalista, 2001.

KARDEC, Allan. *O Evangelho Segundo o Espiritismo*. 3. ed. São Paulo: Petit Editora, 1997.

PINHEIRO, Luiz Gonzaga. *Doutrinação: A Arte do Convencimento*. Capivari, SP: Editora EME, 2003.

Para um aprofundamento, o leitor deverá ler também as obras dos espíritos:

a) André Luiz e Emmanuel — Pelo médium Francisco Cândido Xavier;
b) Manoel Philomeno de Miranda e Joana d'Angelis — Pelo médium Divaldo Pereira Franco;
c) Ramatis — Pelos médiuns Hercílio Mães e Marcio Godinho;
d) Ângelo Inácio — Pelo médium Robson Pinheiro.